YOU ARE THE ONE
YOU'VE BEEN WAITING FOR

做自己的靈魂伴侶

實現完美關係前，必修的IFS課

Richard C. Schwartz, PhD
里查・史華茲——著
白水木——譯

各界盛讚

這本具高度原創性的作品，爲阻礙親密關係的原因提出新的洞見。我們心中的被放逐者背負著過去經驗所造成的情緒重擔，影響了我們與伴侶維繫親密關係的能力。作者讓我們知道，該如何在被放逐者遭到伴侶觸發時，利用這些情緒幫助自己找到療癒的源頭，藉此讓我們在關係中釋放自己完整的生命力。

——貝塞爾・范德寇醫師（精神科醫師，《心靈的傷，身體會記住》作者）

現代文化使我們在一片誤解的汪洋中漂流，不知該如何獲得親密關係並長久維繫，這本書則將帶領讀者明白，療癒的旅程必須先從自己開始。

——塞夫・舒曼—奥立佛（Zev Schuman-Olivier, MD，哈佛醫學院助理教授）

本書讓個案了解如何卸下阻礙關係親密的重擔，解放文化與家庭繫在自己身上僵化的性別角色。若您認眞地想在當今社會中提升親密關係的品質，容我熱切地向您推薦這本書！

——泰瑞．瑞爾（Terrence Real，享譽國際的家庭治療師）

本書以非常具說服力的方式，爲我們揭示一項眞理：如果我們想要一段充滿愛、眞誠且有意義的親密關係，就必須由我們最能影響的人做起——那個人就是自己。本書不但令人信服，更讓我愛不釋手，也給了我希望和工具，得以享受更平靜、更勇敢、更有愛的親密關係。

——塔拉．舒斯特（Tara Schuster，作家）

這本書是我的親密關係聖經和枕邊書！這本書所分享的ＩＦＳ概念與方法，幫助我獲得「勇敢之愛」，並與丈夫建立前所未有的深刻連結。我每天睡前都會翻一翻它，已成爲我睡前儀式的一部分。

——嘉柏麗（Gabrielle Bernstein，《紐約時報》盛讚「下一世代的精神導師」、美國靈性小天后）

里查・史華茲博士的內在家庭系統療法和這本書，深刻地改變了我的一生。他獨特的切入點，讓我在愛與溫柔中，孕育了認知、身體與情緒方面的自我成長。對於那些想爲自己與他人尋求更多慈悲和愛的人，我會推薦這本書給他們，尤其是想更深刻了解自己在整個宇宙扮演何種角色的人來說，本書將是你首要的工具。

——克莉絲塔・威廉斯（Krista Williams，美國知名podcast主持人與創辦人）

本書爲那些在人際關係中掙扎的人提供了具關鍵性的洞察與見解。對所有希望在追尋自我關懷與愛的道路上能有個旅伴的人來說，這是一本必讀的好書。

——埃絲特・沛瑞爾（Esther Perel，心理治療師，作家）

有人說，在愛別人之前，你必須先愛自己。本書很實際地告訴我們如何做到這一點，它提供了一套清晰、有說服力、睿智的方法，讓我們愛上內心的「惡魔」，釋放自己的內心，擁抱更棒的親密關係。謝謝你，老兄，這本書太棒了。

——珍妮絲・史普林（Janis Abrahms Spring, PhD，《教我如何原諒你》作者）

關於內在家庭系統療法

內在家庭系統療法（Internal Family Systems Therapy, IFS）是一種現正快速發展的心理療法。經過四十年的推展，內在家庭系統療法以非病理的方式，有效了解、整理身心的問題，並喚醒我們內在的力量。內在家庭系統療法藉由一種全新的方式，幫助人們聆聽自己內在的「部分」（Parts，ＩＦＳ對內心次人格的稱呼）——如感覺或想法——並透過此一過程，擺脫那些局限我們的極端信念、情緒、感受、衝動，讓我們能更靠近人類最珍貴的本源「自我」，並在自我的帶領下過著專注、充滿自信、富有關懷（centered）的生活。

目次 CONTENTS

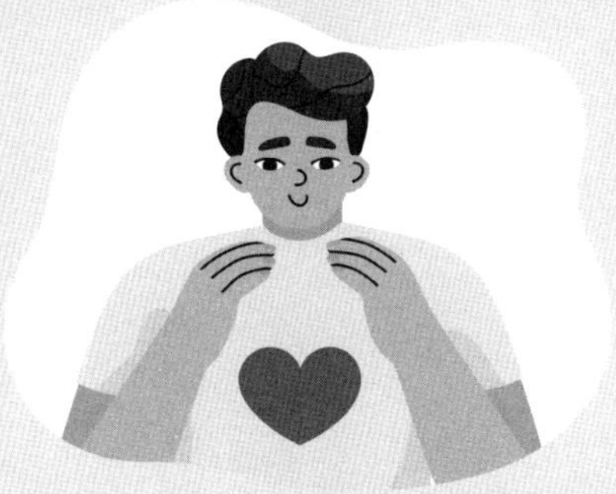

第1章 親密關係的文化限制

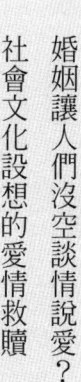

第2章 滋養內在神奇的愛

第3章 勇敢之愛與無望之戀

第4章 邁向自我領導

第6章 關係的全貌

序　章

是什麼讓愛
變得這麼難？

走投無路的關係

那一刻終將來臨，洋溢著喜悅
你將迎接自己的到來
在門前，在鏡中，每個自己
都笑著歡迎彼此，並說，請坐。請用。
你將重新愛上這位陌生人，即是你自身
奉上紅酒，奉上麵包，奉上你的心
給自己，也給這位愛著你
一輩子，卻受到忽視的陌生人
只因……

——瓦科特（Dereak Walcott），〈愛過之愛〉（Love After Love）

那天是我第一次和柯特及瑪莉莎進行晤談。瑪莉莎打破一開始的緊張氣氛，表示他們已走投無路，我可能是兩人最後的希望。他們過去四年的生活過得淒慘，這段期間也已進行過三輪不同的伴侶治療，還一起參加了幾次專爲伴侶設計的週末共融營。兩人都有好好遵照諮商師與營隊所教的技巧來溝通，有些時候效果也算是立竿見影，但只要其中一方觸碰到另一方的傷心處，那些理論就沒什麼用了。對於兩人長久以來都有的一些問題，柯特與瑪莉莎也在伴侶治療中找到了解決幾個長期問題的妥協方案，只不過整體來說，他們對彼此的不滿沒有多大的改進。

柯特同意瑪莉莎的說法，並表示自己感覺既無助又絕望。在遇到瑪莉莎前，他有過很多段親密關係，直到他很肯定自己「找到那個對的人」，才和瑪莉莎結婚。他說：「我們那麼相愛，有那麼多共同點，而且都這麼聰明。但爲什麼會變成這樣？我的人生一直很成功，我想要什麼，就努力去爭取，然後就到手了。遇到問題，就坦然面對，也都能順利解決。但婚姻這東西，眞是我人生中的一大挫折。」

世上有許多伴侶都陷入如同柯特與瑪莉莎一樣的窘境。他們費力地想對抗各種婚姻關係專家和文化所暗示的惡魔，例如「溝通不良」和「缺乏同理心」。他們傷痕累累，心力交瘁，卻仍無法修復關係。他們在指責對方與自我反省間來回擺盪：怪對方無法讓家裡氣氛融洽，怪自己無法讓這段關係美滿，尤其是，伴侶關係在人生中的重要性可是數一數二的。

有沒有可能，柯特和瑪莉莎眞正該怪罪的是他們試過的那些解方呢？有沒有可能，就算他倆溝通的方式再怎麼完美，對彼此的妥協和同理再多，仍無法眞正修復兩人之間的關係？婚姻專家告訴這些伴侶，「只要懂得體貼彼此，你們就能過著幸福快樂的日子」。伴侶雙方會先分別指出自己需要從對方身上獲得什麼，再由專家協助找出改變自己的方式，以滿足彼此的需求，這就是整個療程的目的。但有沒有可能，這種「體貼彼此需求」的方法本身就存在重大的破綻，才會讓兩人不管再怎麼努力，卻仍以失敗告終？

我認爲答案是肯定的。不管雙方有多渴望與對方建立彼此扶持、互相敬重的親密連結，但他們身上或生活環境中（如果不加以改變的話），確實有些因素會使兩人難以建立這樣的關係。我會在本書中清楚說明這些因素，並提供一系列明確的做法來改善這些狀況。它將幫助伴侶們以我稱之爲「勇敢之愛」（courageous love）的情感，來取代彼此在關係中既期待卻也害怕的控制、依賴、占有或疏離。

當關係中的兩人不再需要再為對方的心情負全責，卸下取悅對方的責任，並以勇敢之愛來珍視對方時，伴侶間許多長期存在的問題便能迎刃而解。因為當兩人都懂得如何照顧好自己脆弱的部分時，就不會再強迫對方符合自己的期待，也不會再試圖操控對方的人生。

「勇敢之愛」包括了接納伴侶所有的「部分」，它讓我們不再需要把伴侶限縮在特定角色中，例如負責照顧的家長、負責拯救的救星、負責保護的守護者、負責給予讚美並賦予自信心的角色等。當對方嘗到獲得接納與自由的滋味，體會到它的美妙和非比尋常後，便能開始相信自己可以放下防備並敞開心胸。

也就是說，**擁有照顧好自己情緒的能力，能使你得到想要的親密**。因為一旦有了這種能力，無論伴侶對你親近或疏離，你都有勇氣能夠因應，不會為此過度反應。當你不再那麼害怕失去對方，也不再那麼怕被對方傷害時，便能全心擁抱伴侶的存在，並在對方的愛裡感受喜悅。

依你的情感經驗看來，以上這些說法是否都像天方夜譚？你是不是在想：「這些狀態聽起來很美好，但我要去哪裡才能找到夠成熟、有辦法這樣對我的人？」說不定，對方不在天涯，就在咫尺。只要你和伴侶都能將注意力「自轉」（U-turn， you-turn），開始以不同的方式認同自己的內在，就會發現「勇敢之愛」自然而然地成爲生活方式的一部分，而不是必須努力才能達到的狀態。你也會發現自己不再需要伴侶的照顧，因爲光是從自己身上，就能獲得許多協助與支持。

在和柯特與瑪莉莎的第二次晤談中，我建議他們試試看我所說的「自轉」。他們第一時間的反應就和大多數來諮商的伴侶一樣。瑪莉莎說：「我自己是很願意試試看你說的這個方法，但柯特批評、挖苦、貶低我的那些行爲難道都不用改嗎？今天他竟然還沒找到理由來數落我，眞難得。」同樣的，柯特也抗拒地說：「你的意思是，我只要想辦法管好自己，然後接受瑪莉莎對性生活沒興趣的事實？你要我接受無性婚姻？」

我在本書所提倡的思維不太容易獲得西方文化的認同。西方文化傾向於專注要求伴侶取悅我們，要別人滿足自己的需求，卻不認爲能從自己身上得到些什麼。我們總是想著手改造折騰自己的外在因素，卻不願意觸碰痛苦的內在根源。像這樣聚焦於外在——並要求他人來體貼自己的療癒方式——頂多只能爲暴風雨（不論內在或外在的）帶來片刻寧靜而已，還會讓心中那片原本能與他人建立良好關係的沃土漸漸荒廢。事實上還有其他方法，不必捨近求遠，接下來我也會在本書中與你一起探索。不過在那之前，我們先來檢視一下「體貼對方需求」的這種方法究竟有什麼問題。

三重心計

接下來，我會仔細說明爲什麼伴侶不可能隨時隨地都能成功取悅你，並長久滿足你的需求。舉例來說，假設你曾經歷只有拒絕和寂寞的日子，而伴侶的愛只能讓你暫時推開籠罩在頭上的烏雲。每當對方不在身邊，每當對方沒有心情取悅你時，你就會開始厭惡自己，覺得自己毫無存在價值。如果你之所以和對方在一起，是想靠他拯救自己的人生，那麼你總有一天會失望。

我們身處的這個文化，以及文化裡的許多感情專家，都給了我們錯誤的關係藍圖和不合用的修復工具。西方文化告訴我們，我們需要的愛是深埋在某人心中的寶藏，只存在於特別的親密伴侶心中。只要找到那個「對的人」，我們渴望的那種愛就會如靈丹妙藥般填滿自己空虛的心靈，治癒心中的痛苦。

然而一旦那分愛不再甜如糖蜜——甚至只是偶爾沒那麼甜，就會讓我們害怕地開始著手進行「三重心計」。第一和第二重心計的目的，都是要讓伴侶變回那充滿愛的拯救者角色，第三重則是退而求其次，尋找其他辦法。

第一重心計是最常見的，就是直接強迫伴侶變回熱戀時的那個模樣。為了攻破對方堅固的心防，有時我們甚至連變鈍的鋸子、解剖刀、炸藥都會搬出來。我們懇求、命令、談條件、冷嘲熱諷，以羞辱、誘騙、隱瞞等各種方式逼對方就範，而對方通常會拒絕這種魯莽的掏心掏肺，因爲他們可以感覺到，隱含在誘迫改變背後的批評和操縱企圖，從而豎起防衛之心。

第二重心計則是把同樣的手段用在自己身上。先是設法推測伴侶到底不滿意我們哪裡，再自以爲是地設想對方想要的自己，並試圖把自身塑造成那個樣子（就算那個模樣和我們的本質毫無關連）。我們透過自我批評和自我羞辱割除部分本性，期盼能靠著取悅對方讓伴侶愛我們。然而這種改變並非出於自願，因此常會招致更強大的反效果。

當我們放棄從伴侶身上獲得渴望已久的愛時，**第三重心計便開始了**。到了這時候，**我們不再向對方敞開心房**，而是：一、尋找下一位伴侶，或是：二、爲了繼續和同一個人在一起，所以每當感覺空虛與痛苦時，便麻痺自己或將注意力轉移到其他事物上，甚至是：三、讓自己麻木到足以獨自生活。

這三重心計是不同層次的「放逐計畫」。一開始，我們先試著要求伴侶，要求對方把內在那些威脅到我們的部分趕走，接著就是把自以爲對方不喜歡的（自己的）內在部分趕走，最後則是放逐心中與伴侶互相依戀的內在部分。若有人爲了繼續和伴侶在一起，爲了維繫彼此的關係，而放逐自己的內在部分，那麼兩人都得爲此付出一些代價。關於這一點，之後會再詳細說明。

雖然這些前來尋求幫助的伴侶對彼此的埋怨可說五花八門，不過從兩人不良的互動模式中，我們可以很容易地觀察到，伴侶間的問題不外乎這三重心計的排列組合。因爲每個人心底都有個裝滿傷心與愧疚、痛苦與空虛的地下室，而且我們其實大多懂得如何處理這些感受，不需要麻痺自己或轉移注意力，直到我們終於能等到那個特別的人或特別的愛。

愛情救贖：黛比的故事

作家黛比．福特（Debbie Ford）曾這樣描述自己如何與心中的無價值感搏鬥：

大概五歲的時候，我就已經對腦中的那些聲音習以爲常了。這些聲音告訴我，我不夠好，我沒有人要，哪裡都沒有我的容身之處。在內心深處，我相信自己一定哪裡有問題，並處心積慮地想把這些缺陷隱藏起來。

以上這段話可能出自我任何一位個案之口，甚至有可能就是我的心聲。我們的文化告訴所有人，在找到對的人之前，每個人都得先想辦法搞定心中的這些憂慮，等到那人出現後，他就會用愛把憂愁變不見。

黛比小時候對付這些憂慮的方式是戴護身符，並用考高分來獲得旁人定時定量的肯定，以蓋過心裡的負面聲音，直到這方法不再管用。「當我無法從別人身上獲得肯定、找不到別人對我說我其實不差時，我會溜去對面的便利商店買一包布朗尼和一瓶可口可樂。這一劑強心糖分感覺眞的滿有效的。」然而，黛比十二歲時，父母離婚了。這突如其來的事件所帶來的傷心與羞愧感，點燃了她壓抑已久的情緒，更強化了她心底深處的恐懼，害怕自己是瑕疵品、劣質品，人生注定要命苦。

多數人心底都有這麼一句哀愁的自問：「那個特別的人到底會不會出現？會不會愛我？」也是這個問題，促使我們去尋找愛的寶藏，魯莽地挖開伴侶的心。在那些孤立無援、寂寞無助、萬念俱灰的時刻，人們確實會認爲，能眞正把我們從絕境中拯救出來的唯一辦法，是愛情。朋友與家人所說的話，以及媒體上的許多觀點，都讓我們更執著於這個難以企及的解決方法。

後來黛比試著藉由外在成就和完美外貌，好讓自己不至於陷入心中那片自我厭棄的泥淖，卻發現這麼做沒有用。「我開始用藥物塡滿自己的生活，好關掉心裡那些關不掉的聲音。我整個人已被腦中的自問自答催眠了，一次次用不同的說法告訴自己，我是不可能做到的，我是不可能得到愛的，也不可能獲得安全感與內心的平靜。但這些，都是我迫切想擁有的東西。」

她瘋狂地想爲自己尋求喘息的空間，也就理所當然地踏上了一連串的尋愛之旅。「二十幾歲時，我把男人納入了自己的解痛處方。但不幸的是，這些感情卻總像是抱薪救火。一開始都很美好，我感覺自己總算要得救了，但最後都以跌落谷底收場，一個人被留在比之前還要更低的谷底。」

最後那句話，一語道破了多數人的經歷。當我們找到那個命中注定要來解救自己的愛人時，我們欣喜若狂，因爲他會愛我們，他會證明我們其實沒那麼沒用——我們終於得到了那追尋已久的救贖。

和食物、藥物、外在成就、完美外貌等事物相比，伴侶同樣沒有能力掃除我們心底的無價值感，而這也是本書要探討的問題。也因爲如此，伴侶的「無能」反而會讓我們心中焦急的部分更覺失望，進而讓我們陷入更無望無助的低谷，促使我們開始以前面提到的三重心計來應對這樣的局面。

成爲自己的主要照顧者

幸好，我們有辦法放下心中那些會讓自己對感情失望的傷痛和愧疚，而**放下的**

第一步，是轉換心思關注的焦點。多數人會像黛比一樣，爭先恐後地迴避自己的內心世界，把心思放在外在的解決方案，例如設法找到那個注定要拯救我們的愛人，找錯了就換一個。在伴侶治療中，我試著讓伴侶雙方都進行「自轉」——把心思焦點轉向自己，請他們往自己的內心世界更靠近一些，不要因害怕而遠離。

當人們聆聽自己的內心深處時，就會發現日常生活中的背景噪音，是由許多不同的知覺、感受、幻想、想法、衝動所構成。若能專注於其中一種內在感受，並透過提問來了解，就會發現那種感受不過是一些來得快、去得也快的想法或情緒。人的內在是由許多不同的次人格（subpersonality）所組成，我稱之爲「部分」；不同的部分共同組合成我們錯綜複雜的內在家庭。正因爲一個人的內心同時存在著許多不同部分，所以才經常出現各種自相矛盾的難解需求。美國詩人惠特曼（Walt Whitman）就在詩作〈自我之歌〉中精闢地描述了這種狀態：「是我在自相矛盾嗎？很好，那我就自相矛盾吧。（我博大精深，我包羅萬象）」

不只惠特曼，我們每個人都是這麼包羅萬象，擁有多重面向。因此可以說，德爾菲神諭告誡我們的「認識自己」（know thyself），應該理解爲「認識不同面向的自己」（know thyselves）。

我之所以會稱這個有點爭議性的次人格爲「部分」，是因爲我開始將這個理論運用在臨床上時，許多個案就是用這個詞彙來形容自己不同的人格面向。有的個案可能會說：「有部分的我想維持這段婚姻關係，也想對我太太忠誠；但有另一部分的我想要自由，想要一週七個晚上都和不同的女性歡愛。」也有人這樣表示：「我知道自己的事業還算成功，但有部分的我會告訴自己，總有一天我太太會發現眞正的我有多愚蠢、多沒用。」

黛比．福特心中那些自我厭惡的批評，那些滔滔不絕又咄咄逼人的聲音，其實就是內在部分常見的表現方式之一，這個部分叫做「保衛者」（Protector），又可分爲兩種：內在傷痛被觸發時，跳出來滅火的救火員（Firefighter）與負責管理日常生活，努力不讓過往傷痛被觸發的管理者（Manager）。保衛者的工作是阻止黛比去做任何會降低自信心的事情。這時，如果較脆弱、較像小孩的內在部分相信了保衛者的批評，就會讓黛比覺得自己很空虛、沒有價值，而這正是另一種內在部分「被放逐者」（Exile）的表現。

當我開始用這種方法來治療個案後，很驚訝地發現，只要我能在晤談時創造出一個令個案安心、感覺自己被接納的氛圍，他們就能很自然地與不同的內在部分對話。當個案進入專注於內在的神奇狀態時，他們可以和內在部分聊天，也能提問並了解內在部分爲什麼會出現不合理的反應，爲什麼會做出自我毀滅的事。聆聽內在部分的心聲後，那些原本看似不合理的事情，就會變得情有可原。因爲內在部分會告訴個案，他們其實還卡在過去的某一段記憶裡，而對當時的他們來說，那些想法和行爲不但合理，甚至是必要的手段。

你可以成爲自己的治療師——**你就是自己心中最脆弱部分尋尋覓覓的那個人**。當你有能力療癒自己，你的伴侶也會從拯救你的責任中獲得釋放，更不必承受你求愛的三重心計，如此一來，你們才可能享有眞正的親密。

在過去，要想辦法療癒自己並修復一段關係，不一定是件好事。因爲「療癒」可能代表著你得和伴侶花無數個小時坐在心理師的晤談室中，一起探索彼此的童年留下了什麼傷痛；明白童年遺留下來的傷痕後，你應該就不再那麼容易受傷了，然而現實往往不是那麼美好。還好那個年代已經過去了，現在我們已經可以很快地找出傷痛和愧疚的根源，並讓背負著那些感受的內在部分從中解脫。在這個自我療癒的過程裡，你也會讓自己的內在部分更信任你，更歡迎你療癒他們，進而讓他們更樂於與你的伴侶相處。

自我領導

當個案學會和自己的內在部分對話，並把自身與極端情緒及想法分開時，我發現他們會很自然地進入一種平靜且中立的狀態，我將這種狀態稱為「自我」（Self）。在晤談中，我能清楚覺察個案是否進入這種狀態，因為那種感覺就像空氣裡的分子一下子全都改變似的。進入「自我」狀態後，個案的表情與聲音都會變得柔和且平靜，對事物也會更開放包容，並能在不帶憤怒和鄙視的狀態下，坦率地探索自己內在的不同部分。比起平時內心那些自相矛盾的衝突，進入自我狀態時，個案所挖掘到的是更深刻也更根本的東西——靈性傳統通常稱之為「靈魂」或「本質」；許多治療師常說的「靜心」也是這種狀態的其中一個面向。當個案進入自我狀態時，會發現原來自己早就知道該如何照顧內在那些被放逐者，也會明白那些部分根本不需要誰來拯救，因為他們本來就沒有什麼不好的。我將這種由「自我」主導的狀態，稱為「自我領導」（Self-Leadership）。

自我與自我的互動

當伴侶雙方都有辦法進入自我狀態後，我發現兩人在面對關係問題時，互動的方式會產生劇烈的變化。雙方說話的態度，會跟平常那種防衛心很強、由內在部分主導的對話完全不同。而且就算講到一些情緒很滿的內容，兩人也都能維持敬重且關懷的語氣，好好聆聽而不是想辦法反駁對方。雙方一起想辦法解決問題時，就算沒有我的介入，那些過去難以想像的創新解法也會自然浮現。

替內在部分發聲

兩人的自我在對談時，其他內在部分並非不在場——事實上，他們多半在表達非常強烈的情緒感受。因爲在自我狀態下，兩人都能與自己的內在部分保持一點距離，「替內在部分發聲」，而不是「讓內在部分主導發言」，讓內在部分的情緒淹沒自我。舉例來說，麥可以前都會用激動又批判的語氣對瑪西亞說：「我眞的很討厭你每次都在我講重要事情的時候打斷我。」當我成功幫助麥可進入自我領導後，他對瑪西亞說話的方式變成這樣：「每次你打斷我說話的時候，都會讓某部分的我很生氣，因爲他覺得你不在乎我的感受。」在自我領導下，麥可在說這句話的時候，不但能保持關懷的語氣，也能同時抱持好奇心，試著想了解究竟是什麼原因讓瑪西亞想打斷他說話。

這本書是爲了幫助你做到兩件事，而這兩件能有效幫你改善與任何人的關係，尤其是與戀人和伴侶。**第一件事情是，讓你自己——你的自我——成爲你心中那些被放逐者的主要照顧者**。如此一來，伴侶就會退居偶爾來幫忙一下的配角，同時也會讓你的保衛者願意放棄前面提過的三重心計，擁抱對方最眞實的原貌，而不是你期待對方變成的樣子。奇妙的是，這麼做反倒能讓伴侶在你面前卸下防衛，展現他脆弱的一面，並以你所期望的愛做爲回報。**第二件你可以從本書學到的事情，是以「自我」與伴侶相處**。這麼做可以解決兩人長期以來解決不了的問題，或至少能降低這些問題的影響力，更能在兩人之間建立深刻相連且長期維持的親密感。

我不會把做到這兩件事說得好像很簡單。我們身處的文化中有很多阻力，也有很多觀念和思維與它們相牴觸，而且每個人都有自己的包袱，讓這兩件事變得更難做到。我們的確需要努力，也許再加上心理助人工作者的一臂之力。這本書就是寫來指引你努力的方向——幫助你懂得如何運用巧勁，而不是靠蠻力。

讓我們從文化因素開始檢視吧，看看是什麼原因讓親密關係變得這麼難。

第 1 章

親密關係的文化限制

要是一個人成長的家庭和所在的文化，能鼓勵他好好照顧自己內在被放逐的脆弱部分，那麼維繫親密關係不會是什麼大問題。然而不幸的是，知道這個祕密的人寥寥無幾；家人甚至很可能教你要反其道而行——覺得受傷、需要人陪、羞愧內疚、痛苦煎熬時，要把有這些感受的自己關起來，捨棄掉這些部分的自己。與此同時，我們的文化又以疲勞轟炸的方式告訴我們，在你終於找到「靈魂伴侶」之後，人生會變得多美好。

婚姻讓人們沒空談情說愛？

我們的文化之所以要人們在親密關係中尋找浪漫、追求解脫跟救贖，是爲了說服大家進入獨特的婚姻制度。文化人類學家瑪格麗特．米德（Margaret Mead）曾說，「美式婚姻……是人類嘗試過最困難的婚配方式之一。」在過去，每對伴侶身邊都圍繞著親戚朋友或有相似價值觀的同儕，彼此互相照應。然而在當今社會中，一對伴侶多半就是一個獨立運作的單位，需要自給自足。兩人不只從原本各自的社群中被剝離，也往往因爲工作上的要求過多，或是在遠離親屬網絡的情況下難以應付養育子女所需，使得雙方經常忙到沒時間與身邊的伴侶培養感情。

養育小孩的確是伴侶們可能會面臨的其中一項嚴峻考驗。幾乎所有研究都顯示，伴侶雙方對婚姻的滿意度會在第一個小孩出世後驟降，直到年紀最小的孩子離家後才會回升。再加上兩人都成長於這個重視外在容貌體態，卻忽視且恐懼內心眞實渴望的社會，雙方終將與各自的自我斷了線。在這種近乎「不可能的任務」安排下，伴侶還得承接你傾注在他身上的期待——希望對方能討你開心；而且要是對方沒有這麼做，必定是哪裡出了問題。

社會文化設想的愛情救贖

西方文化對愛情的想像，正好與我們心中被放逐者對愛情的美好幻想一搭一唱，讓你的內在部分始終將目光放在外在的感情關係，而不是自己身上。在上述已很難適應的社會結構下，西方文化還把愛情當成人生的終極救贖，使得關係的經營難上加難。許多作家都曾抱怨，這種加諸在婚姻上的不合理期待，是婚姻之所以那麼容易失敗的關鍵因素。我同意這般說法，因爲這樣的期待確實會使我們把伴侶當成「治療師/救星」的症狀惡化。

生活在這樣的社會中，我們長大後就會離開自己的父母，我們的孩子也會在長大後離開我們；換句話說，只有伴侶會永遠陪在我們身邊。因此，如果目前這個外貌至上、過度工作、消費成癮、快速變動的文化無法在短期內改善，伴侶們確實需要找到能對彼此感到高度滿意的方法才行。這對有孩子的人來說尤其重要，除了能讓孩子免於面對雙親離異的痛苦，也不必覺得自己對父母的幸福有責任。

在成長的過程中，如果有人能教我們如何療癒自己的內在部分，我們對關係的滿意度就會提高，因爲我們對伴侶的要求就會減少。在我們對伴侶的要求中，有太多既不合情也不合理的部分，如果我們願意分擔一些照顧自己內在部分的責任，而不是把這些工作全數丟給伴侶，就能從伴侶身上獲得更多滿足。當伴侶不必安撫你的內在部分，不必平息你的怒火，也不必在他不願照你意思做的時候，面對你的不滿，他便能從這些巨大壓力中解脫，成為你期望的愛人、陪伴者和一起冒險的夥伴。一旦你自行治癒了心中被放逐的脆弱部分，放下通往你內心城堡的吊橋，就能讓伴侶有辦法更靠近你，與你共創美好的連結。

舉例來說，喬治曾對我抱怨，他覺得自己似乎再也沒辦法讓太太小安開心了。平常的喬治整天都在努力工作，平日傍晚不是去看兒子踢足球，就是去看女兒打陸上曲棍球。小安是會計師，白天也都在努力工作，回家後還得打掃家裡。她對喬治超長的工時非常不滿，感覺他倆的生活只圍繞著工作和孩子。週末時，他們偶爾會和其他夫妻一起出門，但早已不會單獨出門約會。因為他們太害怕一旦把日常瑣事都討論完，就得面對兩人之間那無話可說的尷尬。

喬治和小安一起去做婚姻諮商，諮商師試著幫助兩人改善彼此的溝通方式，讓他們不再繼續責怪對方，更協助他們表達自己內心難過的感受：喬治覺得自己是個失敗的丈夫，小安則抒發了自己的寂寞，表示她感覺喬治愛工作更勝於愛她。諮商師更幫助兩人學著在對方說話時專心傾聽、不要打斷，並透過換句話說的方式，複述對方所說的內容，讓對方知道自己確實把話聽進去了。最後諮商師給兩人的回家作業是：找機會出門單獨約會，找機會多多稱讚對方，並平均分配家務瑣事。以上這些技巧感覺都滿有用的，當兩人都覺得對方有好好聆聽並同理自己的處境後，關係改善了很多。喬治補充道，聽到小安對自己的正面鼓勵，讓他感覺好多了；而小安在看到喬治動手幫忙家務後，也覺得自己長久以來的怨氣逐漸消散。

逃離黑暗之海

喬治和小安的例子是美國中產家庭的典型寫照，他們所接受的療法不但是最先進的，也是我多年來使用在許多伴侶身上的方法，直到我發現，對多數的伴侶來說，這樣的改變並不長久。

對大多數人來說，若沒有持續從親密伴侶身上獲得肯定，往往會在某種程度上出現以下感受：覺得自己很失敗、沒有價值、空虛、寂寞、遭拒、不安、絕望、醜陋、無聊、恐懼……都是難以忍受的情緒，會讓我們不顧一切想避開。另一方面，被我們稱爲「幸福」的場景，大多發生在我們不受這些情緒所苦的時候。然而有太多時候，我們在這片黑暗的情緒之海載浮載沉，另一半成了我們維繫生命的浮木，我們得緊抓著對方，才不會被傷痛與愧疚淹沒，不至於被恐懼滅頂——難怪每當我們認爲伴侶有可能離開自己時，就會感到擔心受怕又嫉妒。若對方因爲種種原因無法再當那塊浮木，甚至把我們推入那片黑暗之海時，我們也理所當然地開始想「下一個應該會更好」，接著便是眞的付諸行動。

這種隨時都可能滅頂的幸福，不僅非常不穩定，也很容易受到干擾。除了伴侶有一天可能因過勞而撐不下去，大浪來臨時（例如事業失敗或來自雙親的批評），無論伴侶再怎麼努力救我們，我們仍有可能被吞噬。

我們的文化提供了許多可供攀附的浮木：電視、社群媒體、購物、工作、抽菸、合法與不合法的藥物、酒精、色情、性服務、整形、飲食方法和運動健身、高油高脂的食物……各種常見又會令人上癮的東西。正如美國小說家約翰·厄普戴克（John Updike）所說：「美國是一個取悅人們的巨大陰謀。」但前面提到的這些替代品也都很脆弱，無法眞正取代人與人之間的連結。儘管這些能令人們分心的事物只能讓我們短暫浮出水面一下下，但至少能在一段關係漸漸沉進水底的時候麻痺我們感受到的失望，讓我們不至於放棄這段感情，也能在下一段親密關係出現之前，暫時無視心中的苦痛。這些替代品讓我們開始相信幸福很近，就像一雙新鞋、一次週末小旅行或一份新工作般唾手可得。

然而這些令人分心的事物最終成了惡性循環的一部分，使我們有如上癮般，不停尋求這種隨時可能滅頂的愉悅，而非能長久維繫的幸福。越是深陷其中，就更是與世隔絕——也與自己隔絕——仍浸泡在黑暗之海中的我們，也會變得更害怕那些會吞噬自己的海浪，因此更加迫切追求短暫的幸福。換個方式來比喻的話，就像是自己明明被困在一個很深的洞穴裡，但社會送過來的救命工具竟是各式各樣的鏟子。一如歌手李歐納・孔（Leonard Cohen）所唱的那句：「你受困在苦難中，而歡愉就是把你封進苦難裡的東西。」

練習・試著看見內心

請花幾分鐘時間在心裡回答以下問題。你可以把答案寫在日記上，或是採用任何能一邊閱讀，一邊記下答案的方式。

・你心裡有什麼感受和想法是自己害怕面對的呢？例如空虛的感覺？怕自己沒人愛？
・你期待另一半透過什麼方式好讓那些感受和想法消失？
・你會在什麼情況下，使用前面提到的方法來轉移自己的注意力？你又會選擇哪種方式？
・你有把握自己能療癒心中那些「害怕面對某些感受和想法」的內在部分嗎？

空虛的自我

以我所成長生活的美國爲例，這個國家大部分的人心中都藏著一片寂寞空虛、絕望無言的黑暗之海，原因則有很多。稍後會探討造成這種情況的心理根源，不過我們需要先把美國社會發展的歷程納入討論，也就是歷史學家菲利普・庫許曼（Philip Cushman）所提出的「空虛的自我」（empty self）。

物質生活並沒有讓我們過得更好

庫許曼認爲，「空虛的自我」出現在第二次世界大戰後的美國。在工業資本主義的巨大壓力下，使得當時美國文化中的個人主義開始失去了靈魂。在此之前，美國的社會有扎實的社區服務倫理以調和個人主義，但戰後就變了。戰爭世代對經濟大蕭條的記憶，以及全國性的廣告產業越來越蓬勃普及，促使人們追求「向上流動」的美國夢，並將更自私的個人主義注入整個社會。

戰爭世代的孩子，也就是嬰兒潮世代，除了繼承了自私的觀念，也不像父執輩那樣，曾經歷以大家庭和社群爲重心的生活，導致許多人失去了與他人建立連結的能力。正如澳裔美籍作家彼得・魏爾許（Peter Walsh）在暢銷著作《太多了》中所提到，「生活在地球上最繁榮的國家之一，我們用物質的堆疊來測量自己的成就……但對很多人來說，這一切都再清楚不過：這一大堆東西不只沒有爲我們帶來幸福，反而讓我們壓力超大，更讓我們和家人與伴侶之間形同陌路，甚至離自己的夢想越來越遠。」

這樣的大環境，導致空虛的自我「大量缺乏由社群、傳統、共享價值所帶來的生活經驗……這種自我體現了生命中的空洞、寂寞和失望，形成慢性、無差別的情緒飢餓」。空虛的自我被這個社會制約，透過物質上的擁有來塡滿情感上的空缺。這種現象造就了國家強大的經濟實力，製造出大家都過得很好的幻覺；但事實上，內心過得一點也不好。

再加上這幾十年來，由於政治與其他方面的轉變，使得許多人在經濟上面臨困境。空虛的自我不僅沒幫上忙，人們還得承受媒體影像的轟炸，看著它們不斷播放人們既快樂又富有、不停消費的模樣。無論是爲了養活自己，還是想加入富豪的行列，人人努力賺錢，天天過勞工作，獨留心中的情感鴻溝持續擴大，橫亙在我們與家人朋友之間。當人際網絡的空洞逐漸擴大，那種害怕自己跌入洞中、墜入黑暗之海的恐懼，讓我們更容易受到無孔不入的廣告影響，追求廣告所呈現的那種幸福，變得更加崇尙物質享受，也就必須更努力工作來支撐過度消費的習慣。另一方面，由於政府長年來親資本、親商業的施政方針，使得社會安全網成效不彰且殘破不堪，害怕自己突然陷入貧困的非理性恐懼引發許多人的焦慮，又促使人們努力工作。

孤立無援

這種生活方式經常要求人們努力不懈，使人焦慮緊張，覺得自己孤立無援。此時，媒體向深陷其中的我們拋出一個超大救生圈——各式各樣的媒體都要你相信：**每個人總有一天都會找到那個對的人，從此以後你們就會過著幸福快樂的日子。**那個人會療癒你的傷，完整你的殘缺，化解你的煩憂，而他就在某處。**如果現在你身邊的那位做不到這些，要不就是你找錯人，要不就是你得把對方變成那個對的人。**

這些任務對任何親密關係來說，都是不可承受之重。對許多伴侶來說，光是花太多心力賺錢，並與關心自己的人們隔絕，就足以使婚姻破裂——不只是因爲雙方都被快速的生活步調和人際支持的匱乏消耗殆盡，也由於要拚命工作和競爭，兩人勢必都會被努力奮進的內在部分所支配，而這些部分並不適合親密且脆弱的關係。

爲了消解這種生活造成的壓力，人們又會轉向尋求社會文化中那些能幫助我們轉移注意力的方法，然而這些事物同時也是讓關係變得更親密的障礙，甚至有可能取代人際關係。

近年來，美國已經超越了日本，成爲已開發國家中勞工工時最長的國家。我們把所有時間花在工作上，把生命耗在辦公室、會議室、工廠廠房之類的地方，或是待在電腦螢幕前和來回通勤的路上。我們通常離自然很遠，身邊沒有家人、朋友，也缺乏精神上的連結。我們吃得很不健康，身材走樣，睡眠不足；我們擔心自己的財務狀況，煩惱自己的容貌外表。再加上所有人都共同承受著如水汙染、氣候變遷、社會動盪等重擔，難怪有這麼多婚姻要破裂。身處在孤立無援的狀態中，壓力、耗竭和孤立讓我們難以駕馭心中的惡魔，導致我們將壓力轉嫁在伴侶身上，只爲了遏止心中的自我厭惡和不安全感。我們背負種種不可能的任務，卻仍然期盼自己能搞定一切，然後在搞不定時覺得自己是個淒慘難堪的失敗者。

練習．思考自己目前的生活方式

．以你目前的生活方式來看，你能為與伴侶間的情感交流保留多少時間和空間？是什麼原因讓你無法做到這件事？

．你和伴侶有沒有了解並支持你們的家人朋友？你們和他們的關係有多緊密？

．對貧窮的恐懼或是與他人的競爭，對你目前生活方式的影響有多大？

另一種幸福

有一種幸福，能讓你無論有沒有另一半，都會感覺安穩踏實。它來自於當你所有的內在部分都彼此相愛、互信，並覺得被「自我」接納時所產生的連結感。當我們心中懷抱著這樣的愛，便能讓幸福蔓延至身邊的人，讓他們成爲自己愛與支持圈的一分子。你再不需要讓伴侶成爲浮木，好確保自己不至於沉入內在的黑暗之海，因爲你心裡的那些傷痛、愧疚、恐懼都已乾涸。這時，你的內心宛如一片乾爽厚實的土地，內在的所有部分也都能得到款待與滋養。內在部分相信你是他們的主要照顧者，做爲次要照顧者的伴侶也能因此獲得自由和愉悅。

當心裡的那片黑暗之海不復存在，你就不必再擔心自己有可能溺水；當內在的世界充滿恆久接納的愛，你就不必再向外尋求社會文化一直拋給你的那些救生圈。你的物質需求會變得更簡單，你會變得更重視與他人的自在相處，而不是那些能讓你逃避現實的事物。你也會有更多時間和精力去維繫伴侶以外的人際網絡，如此一來，內在部分的渴望就不會全都要由伴侶來承擔。一如作家約翰・舒馬克（John F. Schumaker）描述自己遠離美國、到坦尚尼亞旅行時所說的：「在後來的那個小時，我來到了一座鄉村，在那裡目睹比我此生所見過更豐盛的幸福與人生享受。」

聯合國的《世界幸福報告》也爲這項論點提供了佐證。根據這份報告，在過去幾年，影響人們身心健康的關鍵因素分別爲：社會與人際支持、對他人的慷慨付出、誠實清廉的政府。

從我的經驗來看，生活在美國文化中的伴侶，經常處在孤立無援又精疲力竭的狀態中。在這種情況下，就算是一對身心超健康的伴侶，也很難眞正打造出一段親密、親近又能彼此支持鼓勵的關係；更別說我們這些既背負著過往傷痛，又要承受社會性別角色等額外包袱的人，得越過的山頭更高了。儘管如此，在缺乏對這項任務艱難本質的認識下，我們還是一而再、再而三地不斷嘗試，而每次失敗都自責不已。

殘酷的玩笑

所以是這個社會設下了陷阱，讓我們深陷殘酷的玩笑裡。首先，我們得先扛起家人同儕的情緒重擔，然後學會把這些重量交給心裡的某個部分去承受，再將這個部分放逐。然後社會又告訴我們，得去找到那個特別的人，有了那個人，我們才終於有辦法喜歡自己。接著兩人再一起踏入瘋狂努力奮鬥的現代生活，深陷漩渦之中，既不可能有兩人的獨處時間，也無法和家人朋友連絡感情，我們精疲力竭，心力交瘁。

這時，社會回敬給我們的是無窮無盡的成癮事物，好讓我們轉移注意力，並再次陷入更深的孤獨。當深受其害的我們無力改善這種狀態，便會覺得自己是個徹底的失敗者，好像我們本身有什麼瑕疵，卻沒意識到這本來就是個不可能的任務。

坊間的心靈成長書籍和大多數的伴侶治療，其實都與這個殘酷的玩笑聯手，試著幫助人們解決一些事實上根本解決不了的問題，然後讓我們在努力無效後感覺更加挫敗。這就像是明明待在鐵達尼號上，卻只是把船長的椅子轉個方向，根本無法避免即將到來的災難——你和伴侶所在的愛之船，需要以「自轉」來改變航行的方向。

確實，治療師可以透過溝通模型說服你和伴侶卸下防備，再次向彼此打開心房。這種方式能點出雙方問題的所在，分辨彼此的需求裡有哪些沒有好好獲得滿足，並讓雙方協調出更好的方式來照顧彼此。然而治療師不知道的是，深陷生活漩渦中的你們，只要心裡都還有孤兒般的被放逐者、仍抱著愛情能拯救自己的期待，所有努力終將是徒勞一場。你和伴侶早就精疲力竭、脆弱、需要關愛，而且太專注於對方，使得任何改善都難以持久。

每次聽完雙方簡短回溯兩人情況後，我常會告訴他們，不要對過去的挫敗感到太內疚。若把兩人交往前內心就已背負的重擔，還有雙方過勞的工作型態都算進來的話，根本不可能好好維持一段親密的感情關係。光是了解到社會跟我們開了這樣一個殘酷的玩笑，並領悟到自己原來深受其害，就足以讓彼此有辦法開始逆轉關係中的惡性循環。

好消息是，當伴侶雙方都能進入自我領導，體驗到內在與外在更多、更飽滿的親密時，對物質的需求便會減少，還能更積極與跟他人連絡感情，與周遭人們的自我建立連結。許多伴侶在經過治療後，都能很自然地找到具創意的方式降低物質需求並減少工作量，把時間花在彼此身上，也多陪陪家人與朋友。

練習．想想目前和伴侶的關係如何？

- 以你現在跟伴侶的關係來說，哪些方面讓你覺得自己很失敗？
- 目前為止所談到各種影響關係的因素中，有哪些對你和伴侶也造成負面影響？又是透過什麼形式？

性別社會化

這種減少工作量的做法對男性來說格外困難。這讓我們不得不討論另一種難以忽視的文化影響：性別社會化（gender socialization）。不同性別在社會中的角色，以及扮演這個角色所造成的影響，是一個龐大又具爭議性的主題，我不可能在這麼簡短的篇幅中完整說明；但如果以概括的方式來討論的話，又難以避免將許多讀者的狀況排除在外。多年來，我和許多個案一起潛入他們的內心，探查人們防衛與痛苦的源頭，發現有些模式確實值得討論。

好男，好難

一般來說，社會教導男孩要重視特定內在部分，用他們來領導自己的生活，並放逐其他部分。女孩雖然也接受同樣的教導，但要運用和拋棄的部分不同。這樣的差異本身就會造成問題，並挑戰了「女性比男性更有能力建立親密關係」這個常見的假設。

過去幾十年來，我們的文化受傳統父權的育兒方式支配。不論男孩或女孩，都能在他們的內心世界裡清楚地看見父權傳統遺留下的痕跡。在這樣的養育模式裡，男孩雖能在照顧者（通常是母親）的呵護下長大，但在他們還很小的某個年紀——大概四、五歲左右——就會出於「被別人說是娘娘腔」的恐懼，猛然拉開自己與照顧者之間的距離。一旦他們表現出脆弱的一面，或是做出任何攻擊和憤怒以外的情緒表達（一般視爲「女性化」的行爲），很容易就會招致父親和同儕的粗暴對待與羞辱。

在我治療過的男性個案中，有許多人都因爲這種成長模式而放逐了內心一個需要超多關愛的小孩。不只如此，這個部分還被徹徹底底地關起來，讓這些男性在大多數時候都無法碰觸自己脆弱的感受。「述情障礙」（alexithymia）就是用來描述這樣的男性，他們和自身的情緒斷了線，嚴重到他們無法透過語言來表達感受。有一本很棒的書描寫了男性所受的傷：《我不想談這件事》。作者泰瑞·瑞爾（Terrence Real）在書中闡述自己的生命經驗，其中所敘述的狀況，在某種程度上與我自己，以及我許多男性個案的經驗不謀而合。

在我的生命中心有那樣的一團黑霧。當我閉上眼，它就在那裡。當我獨處超過幾個小時，就會回到那裡。那個地方長滿尖刺、空無一物且無比駭人。自我有記憶以來，這個地方就一直是我內在狀態的一部分。這狀態是我運作的基礎，我的恆定狀態——我多年來一直在逃避的我。後來我才逐漸意識到，正中心那團陰暗尖銳的黑暗，原來是在一個危機四伏的家中長大的我所經歷過的恐懼、所遺棄的情緒。那是一個小男孩的寂寞，在後來的三十年裡，我帶著這分寂寞，與它一同闖蕩世界。

爲了逃避這些黑暗的恐懼，男性的生命被保衛者主導，被理性思維、攻擊行爲、競爭意識、「別讓任何人看見你的辛酸血淚史」的心態主導。保衛者讓他們在職場上取得成功，讓他們決心不再讓任何人有辦法傷害或羞辱自己。我們的教育告訴男性，要把追求女性當成一場競賽，把女性當成獎賞，好強化自己脆弱的自尊心。

被形塑為照顧者的女性

在一九六〇年代之前，大家對婚姻的期待還很傳統，許多男性不至於面臨太多困難，有辦法通過這僵化且嚴格受限的婚姻結構考驗。當時的男性無意對妻子敞開心房，無心與太太建立情感連結；另一方面，女性也被教育「不要期待從丈夫身上獲得情感上的親密」。

受到這種傳統教育的女性，便被塑造成照顧他人的角色。在女性的成長歷程中，由於不會在還很年幼的時候就被迫突然與照顧者拉開距離，也不會因爲表現溫柔而遭羞辱，所以對於自身情緒保有較多的掌握，也更能維繫與孩子及女性友人之間的關係。但另一方面，這樣的養育方式讓女性不大有能力照顧自己內在脆弱的部分，這讓女性學會在關係中替情緒找到紓解的出口；反觀男性，則是會試著把情緒放逐到內心的邊界之外。

相對的，被女性放逐的，是她們聰明、自信、活潑、能幹的部分。女性變成了善於自我批判的保衛者，讓她們過度熱衷於滿足他人的需求，也過度著迷於打理外貌以吸引男性。成長在重男輕女的環境裡，女性也得把不受重視的感覺給放逐，將專注力放在獲得父親的認可。然而隨著年歲漸長，父親的存在卻對她們越來越具威脅性，因爲她們的身體發育日漸成熟，父親也會漸漸跟她們保持距離。

當性別觀念受到挑戰

自一九六〇年代以來，「怎樣才叫男人」與「怎樣才算女人」的觀念扎扎實實地受到挑戰，爲兩性製造了許多矛盾。現在的男性在外頭不僅要強壯、在社會上有所成就，更要有一定的情緒智慧來維持人際關係——不只要明白自身的感受，也要能開放地對伴侶表達情緒，更要有能力照顧伴侶的心情。因此，男性在成長歷程中所倚賴的保衛者——理性但沒什麼耐心，遇到事情先想辦法解決再說的行動派，自認有權物化女性的大男人——已經是家裡不受歡迎的人物。

受困於內在系統的男性，竟被期許要展現出與內在系統相悖的行爲？他們花了一輩子，好不容易把自己脆弱、感性、照顧人的一面排除在外，現在又突然要求他們表現出這些部分的自己，還要把某些信任已久的部分放逐？讓男性更加迷惘的是，他們還是得繼續跟這個幫助自己取得社會成就的保衛者並肩奮鬥，努力競爭賺大錢，但就是不能把這部分的自己帶進親密關係裡。

難怪我的許多男性個案會直接把自己關機。情感上的失敗讓他們覺得受盡屈辱，偏偏恥辱正好是他們在生命早期便暗自發誓，絕不要再承受的難題（這也是他們不善開口請人指點迷津的原因）。在我的晤談室裡，常能聽見男性說出這句心聲：「我覺得自己永遠不可能讓太太滿意。」當他們無法再倚靠攻擊性和理性來解決關係上的問題後，許多男性索性放棄，把自己藏在石砌的「冷漠被動牆」後，結果讓伴侶更生氣。這些男性選擇的就是三重心計裡的第三種：遁入毫無親密連結的生活裡，並把注意力轉向其他地方。

社會對性別期待的轉變，則讓女性陷入了另一種困境。六〇年代後的社會，要她們丟掉卑微、自我犧牲的那一面，還要找出並發揮自己的力量——正好就是她們在成長過程中所放逐的自信、充滿抱負的部分。這樣的轉變到了婚姻中，女性要讓丈夫知道如何照顧她們的情感需求，要教會丈夫如何製造親密感，並期望自己在決策上能擁有更多公平性和更多資源。

問題是，女性和男性一樣，長期受困於自己的內在系統，卻得努力達成與內在系統相反的目標，當然不知道該怎麼做才好。不論自己有沒有意識到，許多女性仍深受內在「照顧者」的影響（還會和丈夫內心「有權力」的部分串通好），使得女性不僅要出外工作，回家後還得做比丈夫更多的家務。對家庭付出的不平等，再加上丈夫的情感表達長期不足，失望點燃了她們的怒火，一發不可收拾。女性「照顧他人」與「自信堅毅」的這兩個部分，始終在她們心中爭戰不休。直到某一天，「自信堅毅」的部分突然爆發，讓毫無頭緒的丈夫嚇得啞口無言。

高特曼的婚姻研究

約翰．高特曼（John Gottman）對婚姻關係的研究成果也能呼應上述情況。爲了研究婚姻關係，高特曼做了許多功課，在實驗室裡對七百多對不同的伴侶進行了長期研究。儘管在詮釋實驗結果上，我跟他的想法有些不同，但在本書中，我仍會經常提及高特曼的研究，因爲在呈現伴侶之間的相處/運作/互動方式上，他的研究提供了最佳數據。

高特曼發現，兩性在面對衝突上有很不一樣的應對方式。例如，一對伴侶開始產生關係衝突時，男性血壓和心跳改變的幅度遠大於女性，變化也持續得更久。即使爭吵中的男性看起來可能較理性也較冷靜，但事實上，當男性遭到妻子批評時，卻能從生理上看見強烈的情緒反應。

比起女性，男性也更難消氣；甚至在爭吵結束後，仍會心懷怨懟與憤恨。高特曼寫道：「如果能在這時候讀他們的心，你可能會聽到『我憑什麼要承受這些』『都是她的錯』『給我記住，下次我會讓你更難看』之類的話。」

此外，高特曼也發現，當伴侶間的衝突越演越烈時，男性更有可能直接切斷情感連結，把自己變成一堵「石牆」——一旦遭受批評，就別過頭去、完全忽視伴侶的存在。當關係發生衝突時，會把自己變成一堵石牆的，有百分之八十五都是男性。

在關係裡的女性，更常把話題帶到容易吵起來的事情上，也更容易挑剔伴侶；尤其當對手變成一堵石牆時，更會讓她覺得對方沒在聽。接著，衝突升級，兩人陷入常見的惡性循環：男性變得更冷漠，女性則爲了撼動那面牆而更生氣。

讓我們根據前面對兩性內在部分的討論，來回顧一下高特曼研究的發現。男性放逐了內在非常敏感脆弱的部分，並盡其所能地把這個承擔了羞愧感受的部分關禁閉；而當男性與妻子爭吵時，太太的指責有可能觸發那個部分，讓男性在爭執時產

- 你會在哪些時候對特定話題避而不談？你會在什麼情況下直接「關機」、不去面對眼前的事？關於人與人之間的衝突，你有什麼看法？
- 與伴侶相處時，你會期待對方以溫柔呵護的方式來對待你嗎？你有多希望對方這樣對你？
- 你內在「照顧者」的部分有多努力在運作？對你來說，運用自己「自信堅毅」的部分直接表達需求，是困難還是容易？當你覺得與伴侶變得疏離的時候，要讓自己別那麼難過會不會很困難呢？
- 以你和伴侶目前的關係來說，你會期待對方堅強穩定地照顧你嗎？你有多希望對方能照顧你呢？

多元性別群體的成員同樣會面對上述性別社會化的歷程，除此之外，他們還會因爲自己的性別認同，以及與眾不同的這一面而背負愧疚感。若生長在較傳統的家庭，他們不只要放逐如同直男直女一樣的內在部分，也被迫放逐自己的性欲，因此而產生的羞愧感可能導致讓他們的內心長出極度自我厭惡的部分。社會的不公平對待，也會讓某些部分得扛起內心的憤怒。身在這個由異性戀主導的世界，加諸在多元性別群體上的額外重擔，可能會讓關係的維繫變得更困難。

我有不少多元性別者的個人治療個案，但是多元性別的伴侶治療經驗卻不多。由於本書提及的例子都是基於我個人執業的經歷，因此多以異性戀伴侶爲案例。不過我相信，大部分的理論與所有技巧，同樣也能應用在多元性別伴侶身上。

多重人格與單一人格迷思

還有另一種來自社會的影響力，會對親密關係造成普遍且有害的效果。我把這種社會影響力稱爲「單一人格迷思」——認爲人類的心智是一元性的，我們的各種想法與感受都來自這唯一的心智。要說單一人格迷思是造成伴侶疏離、瓦解親密關係的主因，可是一點都不誇張。而化解這項危害的最佳解藥，就是了解人格天生具有多重性的事實。

每個人的內在都有一個家庭

理解人格由許多不同部分所組成，爲什麼能讓我們更容易和另一個人過著幸福快樂的日子？一方面是因爲，倘若有天伴侶對你說「我不愛你了」，而如果你認爲這是對方「整個人」的想法，無疑會讓這句話聽起來更加淒涼悲慘。另一個原因是，當你與伴侶跳著親密關係這支雙人舞時，如果把心中所浮現的每個強烈感受都當成指引兩人方向的唯一眞理，你可能很輕易就會放棄這段感情。相反的，若你知道自己的內在是一個家庭，每個成員有不同的觀點和渴望，就會更願意持續下去。

雖然「一個人同時擁有多重人格」的概念聽起來有些怪怪的，不過這個觀點倒是爲伴侶們帶來不少好消息。首先，兩人之間免不了經歷低潮，也許你感覺自己的愛如同洩了氣的皮球般，正在慢慢流失；而大腦又不斷提醒你對方曾犯過什麼錯，於是你默默希望對方搬出去或乾脆死一死，這樣你就自由了。如果這些就是你內心最眞實的想法或感受或期待的話，未免也太恐怖了。畢竟，如果你眞的不愛了，爲什麼還要跟對方在一起？你怎麼可以這麼自私，自私到竟然希望人家去死？你到底哪裡不對勁，怎麼又把關係搞砸了？只有在單一人格的情況下，我們才會需要對自己提出這種既刻薄又驚恐的疑問。要是你眞的不愛了，而此刻的伴侶也讓你厭惡不已，那麼分手可說再合理不過。要是一個人眞的只有一種人格，只有一種性格面向，那麼曾希望對方去死的你，絕對糟糕透頂，才會出現這種想法。

但如果一個人不只有一種人格，這麼一來，當你覺得自己對伴侶的愛突然消失時，就能釐清這只是因爲心裡的「保衛者」啓動了，愛不過就像日蝕，只是暫時被月亮遮住了光芒。於是你會相信，這種狀況並沒什麼好特別擔心的，當然也不必做出任何倉促的決定；反而可以利用這種「無感」提醒自己關注內心的聲音，進一步了解自己爲何出現防衛之心、身心內外有沒有什麼需要改變之處，也藉此幫助心中的保衛者相信，自己可以再次敞開心胸去愛，也不會受傷。

同樣的，如果你明白自己心中住著一個還很年輕、像個小孩的部分，而且這個部分會在你煩躁時提出各種自私且不成熟的幻想，那麼你對腦中所浮現「希望伴侶去死」的念頭，應該會有截然不同的詮釋；你會以一種既好氣又好笑的耐心，就像家長聽到兩歲小孩生氣地說「我討厭把拔！沒有把拔就好了！」的心情，來看待那個念頭，而不是苛責自己並試圖壓抑這些想法。

當伴侶說出不好聽的話、做出極端行爲時，若能理解人類本來就有多重性格面向，也會讓我們寬心許多。比方說，假設對方在爭吵中表示「我受不了你了」，甚至說出「眞後悔跟你結婚」之類的話，若你能相信這只是對方內在某個如孩童般年幼的部分在發脾氣，那麼這些話帶來的傷害，會比認爲「你終於說出眞心話了！」小得多。又比方說，對方在工作上遇到挫折，正感到擔心受怕、焦慮不安，如果你能認爲「挫折不過是觸發了他內心膽怯驚恐的部分」，而不是「我以前怎麼都不知道他原來是這種懦夫」，對這段關係會有益許多。

我們可以簡單地透過「替內在部分發聲」而非「讓內在部分主導發言」的方式（雖然執行起來往往沒那麼簡單），**以多重人格的角度來看待自己與伴侶**。比方說，當你對伴侶生氣時，以「部分的我現在眞的很討厭你」代替「我現在眞的很討厭你」，能讓對方接收到截然不同的訊息。不只是因爲前一種說法能讓對方知道，只有部分的你對他不滿，並不是全部的你都討厭他，也是因爲要能這樣說話前，你得讓這個內在部分與自己稍微分開，保持一些心理上的距離，才能「替內在部分發聲」。如此一來，和「讓內在部分主導發言」相比，你說話的語氣不會那麼激動，也不會那麼充滿怨恨。

以多重人格視角看待彼此的好處

本書在後面也會在進一步探討如何練習用「替內在部分發聲」而非「讓內在部分主導發言」的方式說話。現在，重點在於選擇一項任何能提醒你和伴侶「每個人內在都有許多不同部分」，而「自我」必然存在於某處的東西，如此一來，即便在面對關係中最強勁的風暴時，你們也能維繫彼此之間的連結。

另一方面，內在部分越能與你自己分開，就能讓越多「自我」自然地浮現出來。當兩人溝通時，就算盡是說些抱怨或責怪的話，若有一定程度的自我在場，仍能讓伴侶感覺到你對他的尊重與關心。確實，很少有人能在架吵得正激烈的時候，仍完全處於「自我領導」的狀態下，但我們至少能避免與內在部分混合（blend，意指讓某個部分占有主導權），使自己完全失去掌控。就我的發現來看，即便雙方只能勉強保持一點點「自我之間的互動」，還是能讓當下風暴造成的傷害降到最低，風暴過後也能很快復原。

即便在經歷最恐怖的爭執與風暴當下，兩人都徹底被情緒淹沒，也被激動的保衛者牽著鼻子走，光是知道這種狀態只是暫時的——烏雲會散去，陽光會再現；

彼此的保衛者總有一天會放鬆休息，自我會再度浮現——就已經足以令人寬心，也比較不心慌。事後，當自我再度現身，兩人便能修復關係、重建連結。如果心裡明白，風暴終將遠去，藍天就在眼前，那麼無論多強勁的風雨，人都有辦法忍受；只有當兩人之間的互動永遠由保衛者主導時，這段關係才會變得沒救。這個之後會再討論。

以多重人格的視角來看待彼此，不只能幫助你們熬過關係中難以避免的爭吵，還能深化你們共同努力想實現的親密關係。能否在對方面前展現自己最脆弱的一面，並在這種狀態下感受對方的接納與愛，是促成親密感的其中一個面向。在別人面前袒露自己內心軟弱不堪，甚至羞恥愧疚的一面，本來就是件可怕的事，對伴侶更是如此——要是對方看到了自己的這一面，我們在對方眼中，將永遠是個有缺陷的人，這該有多恐怖。但如果彼此都明白，那些缺陷不過是你們整個人的一小部分，背負著無價值感、不安全感、扭曲的性衝動等重擔；而要療癒這些部分，需要的也不過就是同理與接納，那麼向對方揭露這些部分的自己就不至於太困難，伴侶也更容易用愛來回應你。

在一段關係裡，相信自己所有面向都爲對方所接納是件神奇的事。以具體的例子來說，假設你是一位單親媽媽，一直為其中幾個孩子的搗蛋行爲感到羞愧，覺得這表示你不是個好媽媽。然而你卻能找到一個人，對方不只接納這些孩子明顯的缺點，還能看見他們本質的美好和可愛的地方。你與對方因此產生了難以言喻的親密連結，不只是因爲你總算不必再把孩子們藏起來，更是因爲看到孩子們也倚賴並信任他，而那個人又是如何讓孩子發光發熱。

當伴侶雙方都能這樣互相袒露脆弱、相愛與接納時，兩人之間會形成堅實的連結，讓各自心裡的保衛者放鬆休息，也讓年幼的部分覺得安心，知道自己可以隨時出來說幾句話。你可能也認識幾對這樣的愛侶：他們的關係自然而然充滿活力，相處時總能迸發創意與趣味。他們雙方都很清楚，無論是哪個部分的自己，都能隨時進入兩人之間那個既溫暖又安心的空間，因此眞的能讓彼此都成爲更好的自己。看著這樣的伴侶互動，就像觀賞即興表演般，能看見各種不同角色興奮地跳上舞臺，演出精采的對手戲。

如果關係總是閃黃燈

不過事實上，你可能根本想不出身邊有哪一對伴侶符合這樣的描述。因為很不幸的，這種充滿活力的關係其實很少見。在缺乏「多重人格」與「自我領導」等概念的情況下，面對伴侶較極端的內在部分，不過度反應可說非常困難。有時你恨透了對方的散漫，因為你覺得他根本打算把所有的家務都丟給你；當你碎念家裡很亂時，他對你破口大罵，因為他覺得你是個控制狂。有時你只是不想背債，卻讓對方覺得你不相信他在財務上的判斷；對方花錢不手軟的態度，則讓你感覺他根本不在乎你賺錢有多辛苦。長久以來，伴侶的所作所為都讓你覺得心累，這時你的反應多半是：一、認為這些行為體現的就是對方的本性；二、認為對方就是自私鬼，或覺得這些行為出於某些病態的動機。用這樣以偏概全的歸因來解釋對方的行為，只會讓你更挑剔或埋怨對方，而對方也會用同樣的方式回敬。

伴侶間如果一直用這樣的方式相處，結果就是雙方都躲進小心翼翼的心牆之後，對彼此漠不關心。一開始那讓兩人走在一起、輕鬆好玩又有愛的內在部分，早就變得傷痕累累、太過敏感脆弱，不得不躲起來。兩人之間的警報系統從綠燈轉黃，偶爾還會亮起紅色警戒。兩人的互動變得總是戰戰兢兢，也越來越千篇一律，因爲此時只剩一小塊還懂得尊重對方的內在部分在進行互動，而且這些僅存的部分也不太信任彼此。至於其他大多數的內在部分，此刻都會覺得自己在關係中不受伴侶歡迎，使得你一直處於空虛和不滿的狀態。直到某一刻，這些內在部分放棄希望，開始大肆破壞。

本書接下來的篇幅，都是爲了協助伴侶們避免關係亮起黃燈或紅燈而寫的。如果你們的關係已經處於高度警戒，接下來的內容將能有效幫助你們回復到安全狀態；如果彼此曾有過豐沛的情感能量，也有機會把那種感覺找回來。光是認識到人的內在有不同的「部分」和「自我」，對關係已有很大的幫助。接下來我還會修飾一下前面談到的架構，讓內容更完善好讀，並提供一些練習和技巧，好減輕伴侶雙方的負擔。

練習・回想衝突

・在你和伴侶經歷情緒或想法上的衝突後，你們會產生什麼感覺？羞愧？生氣？還是憤恨不平？這些衝突又是怎麼發生的呢？

・你認為伴侶的偏激話語或極端舉動能反映他個性中的本質嗎？如果是，這個想法又如何影響你對這段關係的感覺？

・如果那些偏激的想法或強烈的情緒，其實來自於你和伴侶心中背負著生命重擔的某個微小部分，你覺得這項認知會如何改變這段關係？

第 2 章

滋養內在神奇的愛

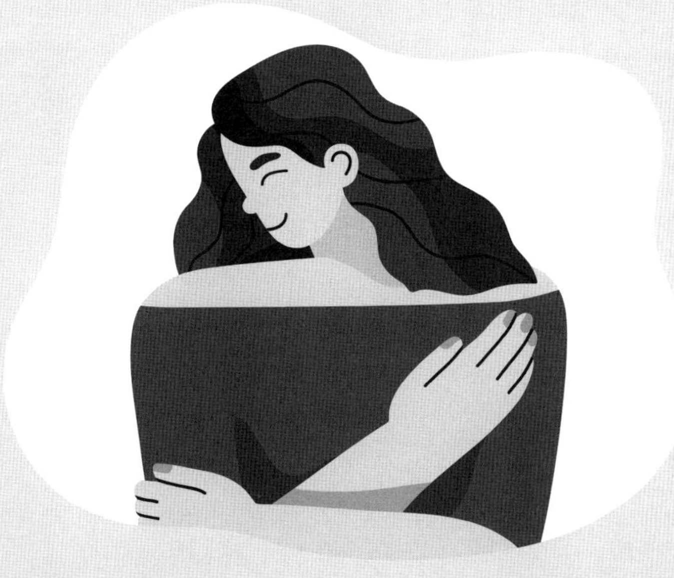

神奇廚房

在探索心中為什麼會出現被放逐者之前，我想先用一個比喻來幫助大家了解「放逐」這個概念。作家暨靈性導師唐・米蓋爾・魯伊茲（Don Miguel Ruiz）曾用「神奇廚房」來描述親密關係。我會稍微修飾一下他的比喻，來呈現內在部分在感情關係中的不同狀態。

你住在什麼樣的家裡？

想像一下，你從父母那邊繼承了一間神奇廚房，讓你擁有各式各樣源源不絕的食物。在成長過程中，父母無條件餵養你，你也以同樣的方式養育自己的小孩。孩子們都過得很開心，因為他們很喜歡你給的食物。他們吃得既營養又滿足，不會吃得過量，也不會明明吃飽了，還想吃糖果或其他垃圾食物。你從來不用「不給你吃飯」來懲罰他們，也不會拿食物當誘餌去鼓勵他們做些什麼，於是孩子們深信，自己本該吃得好、吃得飽，因爲他們是你的孩子。家裡食物多得很，絕對足夠所有人吃飽，因此手足之間不會爭奪食物；你也會把食物分送給鄰居、朋友或其他需要的人，以體會分享的美好。你更不會囤積食物，畢竟神奇廚房裡會出現源源不絕的新鮮食材。

某天，有個人來敲你的門，表示若你願意照顧他的情緒，他將提供你和你的孩子取之不盡的披薩和糖果。但你和孩子們都已經很飽了，你也看得出來，對方並沒有好好照顧他的小孩。所以你說：「謝謝，不用了——我們已經有很多食物。」

又有一天，另一個人來敲你的門。這個人跟你一樣，都有好好餵養自己的小孩，他的孩子也都過得開心滿足。這個人說，他覺得你這間神奇廚房做出來的料理感覺很不錯，不過他也喜歡煮飯，家裡的食物也很多，所以不需要跟你拿。他的小孩很喜歡跟你的小孩一起玩，所以希望能搬來你家住；同時，他的孩子也放心地讓他決定一家人要住在哪裡，因爲他們都相信，不管他跟你的關係如何，他都會好好照顧自己的小孩。

你邀請他搬過來一起生活。你們都非常欣賞對方的料理，這點讓你十分開心。你們分享並學會了彼此的食譜，做出了融合兩人特色的新菜式，你們兩個的孩子也都吃得津津有味。

現在想像你住在另外一個家裡。你很窮，所以沒什麼東西能給孩子吃。孩子們都餓壞了，最小的那個最虛弱，總是一直哭，哭著求你去外面找個能帶來食物的人。他們的飢餓讓你備感煎熬，於是你經常把他們關在地下室裡，免得他們一直來煩你，一直讓你看到他們的痛苦。這種對付「問題兒童」的方式，正是父母教你的。

雖然你竭盡所能地不去理會孩子們的哭聲，但聲音還是會穿透牆壁和地板傳過來。他們急切的渴望不停啃咬、折磨你的心。其中幾個年紀較大的孩子，已經對你照顧家庭的能力失去信心，開始像大人般扛起家長的職責。他們會督促你要更努力工作，會安撫那些被關起來的弟妹或管秩序，甚至還會自行出門覓食。但這些孩子畢竟沒有大到能承擔這麼多責任，於是他們開始變得很嚴厲，甚至有點過度控制。他們會不斷挑剔你的工作習慣、檢視你的工作表現，並花費大量心力來安慰被關在地下室的弟妹們。

在那個帶著披薩和糖果的人抵達你家門口前，地下室裡的孩子們已聞到了食物的香味。一想到自己終於有東西吃，還有可能被放出來，他們不由得歡天喜地。這些被放逐到地下室的孩子，開始把帶著食物前來的人當成偶像崇拜，只要能讓他開心，他們甘願爲他做任何事情。年紀較大的孩子又餓又累的同時，也驚訝於這個人竟能讓地下室裡的弟妹們如此開心。他們心想，這樣一來，以後是不是就不用再負責照顧弟妹們？因爲他們有別人可以依靠了，那還眞是美好啊。

後來，儘管這個人提出的要求有些詭異，他帶來的食物也不怎麼樣，但是爲了能一直有東西吃，你和那些年紀較大的孩子同意一起照顧此人的情緒。沒想到，他開始時不時虐待你們，還越來越小氣，給的披薩和糖果越來越少。但因爲年紀較小的弟妹們早已對披薩和糖果上癮，而且非常害怕自己會再被關回地下室挨餓，所以每當你提議要請那個人離開，就會被孩子們否決。

神奇廚房在哪裡？

現在，請你把故事中的「食物」換成「愛」，把你的「小孩」換成「內在部分」。如果你認爲自己的內在狀態比較像有神奇廚房的家，那麼我想，你應該不需要再繼續讀這本書了。當你能無條件接納並愛著自己的每個部分（而且單純只因爲他們都是你的一部分），就不至於被某些人虛幻的承諾所吸引。當你找到對的伴侶時，你的內在部分也會用屬於自己的方式來愛他，豐富你和伴侶之間的親密感受。他們很清楚，如果自己因伴侶的緣故而受傷，你會好好陪伴他們並處理好這件事，所以感覺安心。內在部分不會突然變得很黏人、要求很多、防備心重、玻璃心、表現得很浮誇，甚至要你忍受虐待。

然而如果你和多數人一樣，受雙親、同儕等人的影響，學會放逐心中的某些部分，那麼你心裡的地下室將塞滿脆弱、受傷又渴望愛的內在小孩。這些孩子從你身上得到的愛實在太少了，所以無法自拔地渴望你能找到一個足以拯救他們的人，並以爲對方能將自己從地下室裡救出來。這些孩子的絕望會讓你變得盲目，看不見對方的缺陷。他們可能會讓你選到錯的人，又因爲他們的脆弱和對關愛的需求，或是讓你和錯的人在一起耗太久，或是讓你變得太敏感，容易反應過度而導致受傷，或是想控制伴侶不能和其他人走太近，甚至想控制兩個人應該要有多親密。

那麼，該上哪兒去找一座可源源不絕提供愛給內在部分的神奇廚房呢？這座廚房就在你最意想不到的地方：**你的自我**。只是內在部分目前仍以爲別人的說法才是對的，再加上過去你對待他們的方式，讓他們以爲獲得愛的唯一希望在外頭。

獲得充分滋養的內在部分

「讓每個內在部分都充分獲得愛的滋養」並非傳說中的神話。內在部分的確能從他人身上得到很多能量，但前提是你要「和自己的內在部分相親相愛」。你將能從本書中學到如何成爲內在部分的主要照顧者，以便讓你的伴侶成爲他們的次要照顧者。

許多以「改善關係」爲主題的書籍，都會在某種程度上提到「要先愛自己，才能愛別人」的老生常談。這些書大多把「愛自己」捧爲某個抽象的努力目標，或是要你複誦肯定自己的話，來對抗心中所有負面的聲音。但本書要告訴你的，是**如何透過實際的方式走進心裡的那間神奇廚房，讓你有能力疼惜自己**——包括那個愛批評又挑剔的部分，或是關在地下室的內在小孩。然後你會發現，就像小孩吃飽後會覺得放鬆滿足，當內在部分受到充分的滋養，他們的性格也會有所轉變，變得更輕鬆愉快——只要你能好好餵飽他們，不讓他們挨餓。一旦內在部分從你身上得到充分的愛，他們就會變成你完善親密關係的力量，而非拖累關係的包袱。

你的伴侶也會欣賞這樣的變化，因爲他們不必再爲你的喜怒哀樂負責；萬一不小心疏忽了你，也不必承受你帶刺的怒氣；你的內在部分飢餓時，會跟你討愛，而非你的伴侶，也會在感覺受傷的時候，尋求你的寬慰。這麼一來，即使伴侶因忙碌而沒空理你，你的內在部分也能保持平靜不心慌；當伴侶靠得很近的時候，也不害怕受傷。你的內在部分能允許伴侶在你面前做他自己，而不是想把對方變成自己夢寐以求的樣子，強加在對方身上。當伴侶哭泣、坦承心中的恐懼，或其他類似你內在脆弱部分的行爲時，你也會知道如何用愛安慰對方，因爲你平常就是這樣安撫自己的內在部分。伴侶生氣時，你不會馬上豎起防衛，因爲你心裡已經沒有會附和並放大對方批評的部分；伴侶害羞退縮時，你也不會嫌棄對方，因爲你已接納內心膽小羞怯的部分。

換句話說，因爲你愛自己所有的內在部分，即使伴侶的表現和他們一樣，你仍然能愛對方。不論是與自己或與他人的關係，本質上都是一樣的——**你怎麼善待自己的內在部分，就會直接反映在你如何對待他人**，反之亦然。

「親密感」常定義爲「是否能坦承各個面向的自己，並獲對方接納」。因爲不對自己脆弱的部分感到羞愧或害怕，所以能在伴侶面前揭露這些部分，並享受被另一個人完全理解並看見的感覺。當伴侶和你一樣，也展現自己的脆弱時，你能以愛陪伴對方，而不會覺得自己應該出手解決什麼問題。這樣的關係讓兩人都能覺得對方全然接納自己的一切。即使伴侶偶爾有些疏離或發脾氣，你心中較敏感的部分也不至於輕易被觸動，因爲他們相信，不管伴侶發生了什麼事，你仍會愛惜他們。

在實踐了上述這一切以後，你就能沐浴在伴侶愛的光芒下，不再懼怕失去對方，也不再擔心被愛吞噬。生活中遇到不如意或內在部分的恐懼被觸動時，也有兩個能尋求慰藉的對象：自我和伴侶。若伴侶做了什麼讓你想起過去（例如父母）的事，以至於觸碰到心中尚未復原的傷痛、感覺糟糕透頂時，你也有能力替受傷的部分發聲，並由自我主導發言，因爲這些部分會相信你會好好代表他們。

如此一來，你能以明確且尊重的方式，與自己受傷的部分溝通，而不是一直責備、怪罪、對他們生悶氣；伴侶也會更能以同理的態度與你互動。獲得關愛的經驗能幫助你的內在部分重新詮釋親密關係，並卸下他們所背負的傷痛。透過這種方式，伴侶就算不必一肩扛起療癒的重責大任，也同樣能幫助你復原。

「被放逐者」是怎麼來的？

我們心中那些被關進地下室的小孩和其他試圖保護他們的部分，都對我們親近伴侶的能力有很大的影響，在這一節，我們將好好了解這些內在部分是怎麼形成的，又爲什麼對我們與他人的關係有這麼大的影響力。

每個人生來就有一些脆弱的部分，但多數人很早便學到（比如透過與和照顧者的互動或從創傷性經驗中），展現出脆弱的一面是很不安全的一件事。所以我們把這些如孩子般的敏感部分關進心底的地下室，把他們放逐到性格的邊界之外。

不過也有些人很幸運，照顧者能以愛和耐心，溫柔呵護他們容易受傷的部分。如果你是這樣的幸運兒，就不會有那麼多遭到放逐的內在部分，因爲你的照顧者曾在你袒露內心的敏感脆弱時接納並擁抱了你，你也從這樣的經驗中學到，如何以同樣的方式來照顧這些內在部分。

這裡舉個例子。西蒙從小就有學習障礙，但他哥哥卻是個成績優異的好學生，無論在家裡或學校，都能獲得眾人熱烈的誇獎稱讚。這讓西蒙很受傷，也很挫敗，所以他常會鬧脾氣並變得黏人，想盡辦法要讓媽媽注意到自己。幸好，西蒙的父母並沒有因此懲罰他，他們明白引發西蒙這些不成熟行爲的，是他心中的痛苦不安。所以每當西蒙開始要求很多、以各種間接方式表達自己的情緒時，他們會敞開心胸接納他，同時也堅定地畫下界線。最重要的是，長期以這種方式建立起來的關係讓西蒙知道，當自己感覺很挫折、像個魯蛇的時候，能安心地向父母表達這樣的心情；而雙親願意傾聽的態度也讓西蒙感受到，無論他表現得如何，他們對他的愛都不會變。他們不需要說服西蒙會在其他領域上表現得比哥哥好，也不需要叫他往好的方面想。

正因爲西蒙的父母有耐心地用愛與關懷對待他受傷的內在部分，所以每當西蒙沒辦法像其他人那樣好好閱讀時，他會模仿父母，以同樣的方式來安慰自己的心——也就是聆聽痛苦部分的心聲，然後以愛回應。這讓西蒙心中那童稚、脆弱、像小孩一樣的內在部分感到安心，覺得自己可以信任他；這個部分安好的時候，也持續爲西蒙帶來探索世界的愉快玩心。

要是西蒙的父母和多數家長一樣，在他感覺受傷時，用不耐煩的責備來應付這些「幼稚」的行爲，西蒙就會以同樣的方式苛責自己，然後把背負傷痛的內在部分趕進心中的地下室。長大後，西蒙的人生就會由挑剔、不耐煩的部分——管理者主導，緊張地捨棄自己的玩心，長成一個對感受不敏銳、無法表達自身情緒的男性，並成爲女性口中所嫌棄、那種除了憤怒與嘲諷外，對所有情緒感到恐懼又敬而遠之的男性。

受管理者主導的人，常無法體會到自己與他人之間的連結，這會讓他們的伴侶覺得自己是被物化的工具人，彷彿對方只對性有興趣，只在乎自己的面子。

另外，這個被放逐的內在部分，也會在西蒙體內留下一個長期隱隱作痛的角落，成爲他此生的背景音。西蒙心中的保衛者會幫他找到各種方式來麻醉自己、轉移注意力，讓西蒙不要把心思放在那處傷口。如果有人問西蒙「你好嗎」，他大多會回應「很好」——他眞的覺得自己過得很好，只在有事發生時（像是某個小小的失敗或他人的輕視），會觸碰到心裡尚未癒合的傷口，讓他很難再覺得自己「很好」。這時候，他甚至會感覺痛苦就像烈焰般在體內噴發，彷彿自己又被拖回了童年時期，被拖回那得自行吞下羞辱的環境。

就算西蒙並未感覺自己心中有這樣一個長期隱隱作痛的角落，但這把隨時有可能爆發的烈火，將成爲驅策他人生的動力。長大後的西蒙可能會成爲工作狂，奮力工作，好讓自己忘卻那處傷痛。爲了證明自己不是失敗者，他不但會努力獲得社會認可的成就，還會想辦法讓自己擁有魅力十足的外貌，如此一來，就沒有人會拒絕他。每每遇到不如意時，他可能會喝很多酒，好澆熄體內噴發的情緒烈焰。而且跟本書主題最有關的，他還會期待自己認定的伴侶能治好自己的傷，拯救他的人生——減輕內心的隱隱作痛。

放逐內在部分的方式

親密關係中的問題有三個源頭：隱隱作痛的傷痕、**空虛寂寞的感覺**、**漫溢的羞恥愧疚**。當我們還是孩子的時候，只要內在部分感到煩躁不安、做出各種激烈表現時——變得自私、害羞、易怒、恐懼，愛發脾氣、要求很多、出手打人，或表現出與性相關的衝動行爲——都會觸怒父母，因爲他們對自己心中相同的內在部分就是這麼不耐煩。所以他們或是以冷淡苛責的方式回應，或是生氣暴怒並以嚴厲的方式處罰。就算他們不是每次都有這種反應，但頻繁的程度足以讓我們對內心的這個部分感到既厭惡又恐懼，因而將之放逐。

所以，每當你覺得受傷需要安慰，或是胡鬧生氣哭泣時，如果父母不會溫柔地呵護你、陪著你冷靜下來、提醒你行爲的限度，而是以不符合比例的激烈方式應付對待時——你的父親可能本來就鄙視自己脆弱的一面，認爲那樣很缺乏男子氣概，所以用同樣的方式來羞辱你的這一面；你的母親說不定本來就已經需要你照顧，所以釋放出「你不能有自己的需求」的訊息。另外，你可能也在成長過程中遇過這樣的狀況：在你隨性又開放地表現自己後，被同儕取笑羞辱。當你對父母或其他朋友訴苦時，他們卻要你別把這種事放在心上，要你趕快忘了。

被放逐的內在部分是我們心中最敏感的部分，因爲當我們遭到拒絕和羞辱時，當我們遭逢創傷經驗、被嚴苛的現實折磨遺棄時，這個部分傷得最重。被放逐的部分，同時也是我們因受傷而向外求援時，最容易激怒身邊他人的部分。

也許對很多人來說，不是只有煩躁不安、表現激烈時，心裡這些童稚的部分才會受到處罰。許多家庭都有自己的潛規則，規定小孩不准做出哪些行爲，像是不可以表現出天生的活潑好動，不可以展現自己的性別特質。例如當孩子表現得堅定果斷時，會被批評爲愛現、自私、惹人厭，甚至認爲這是一種罪惡。要在這樣的家裡活下來，就必須學會適應環境，學會旁人應對內在部分的態度，同時把這些部分放逐到生活之外。

這些成長經驗讓我們學會如何鄙視與壓抑某些內在部分，並進一步試圖消滅他們；然而遭殃的不只是脆弱又需要關愛的那一面，還包括我們活潑的玩心。我們會因爲害怕照顧者不開心，而學會把活力、熱情、感性、勇氣隔絕在外。我接觸過的個案中，有許多人就曾被家人批評行爲舉止「太多」「太過頭」了，用這種方式來羞辱他們的玩心與膽識。

你之所以會緊張地捨棄這些最珍貴的部分，主要出於以下三個原因：

1. 你天生、脆弱、無辜的那一面，讓照顧者或同儕覺得很煩

當照顧者或雙親處於以下這些狀態時，會讓他們無法承接你脆弱的一面：

- 父母兩人剛好都很沮喪或正在吵架，因此沒有餘裕回應你的需求，甚至還會

讓你替他們擔心並照顧他們。

・照顧者並沒有把心思放在你身上，你得自己長大，甚至還得照顧手足。

・照顧者把你當成伴侶的替代品，或是把你的成就當成自己活著的意義。

・照顧者打從心裡認為，你一定要變得無堅不摧，才能在這個社會上存活，才有能力跟別人競爭，也才會成功。

・照顧者鄙視且懼怕自己對情感的需求，因此透過言語或肢體動作來虐待你。

當同儕之間只在乎彼此酷不酷、強不強、厲不厲害的時候，也很容易發生這種情況。

2. 你與生俱來的活力讓照顧者或同儕覺得很煩

當照顧者處於以下這些狀態時，他們便無法欣賞你的活力：

・照顧者是某些有嚴格宗教傳統的信徒，認為天性的表現是一種罪惡。

- 照顧者太依賴你，非常害怕你長大後就會離開他們。
- 照顧者曾遭受過性虐待或肢體虐待，使得倖存下來的他們無法接受你也有性別，也有充滿力量的一面。
- 照顧者對伴侶有暴力傾向，或有與性相關的衝動行為，讓你因此懼怕自己堅定果斷的這一面，或是害怕自己所屬的性別。
- 照顧者本來就害怕自己有衝勁的這一面，所以當你表現出活力時，會透過言語或肢體的暴力來回應。
- 照顧者發自內心認為你必須無害、乖順服從，以後才會有人想跟你在一起。

當同儕或手足之間有很強的攻擊性，或對彼此有很多不合理要求時，也會讓你學會壓抑自己，好閃避砲火。

3. 內心受傷所引發的激烈行為使旁人或自己不安

以我接觸過的個案來說，之所以會發生這種情況會發生的原因可能是：

．弟妹的出生讓自己心裡不是滋味，所以亂發脾氣，結果遭到嚴厲的責罵。

．沒人知道你被某個親戚猥褻性侵，導致你開始對其他小孩做出類似的衝動行為，因此遭到嚴厲的處罰。

．你在學校遭到霸凌，覺得自己最好這輩子都不要踏出家門才能真正安全，於是將心中的恐懼全部關起來，這樣你才有辦法出門上學。

．父母之一無預警離世。在悲痛中，你只想放棄一切、永遠躺在床上，但為了振作起來，你只能把悲痛鎖進心底。

如果你心中的被放逐者是因爲前兩項因素所造成的，那麼這些部分會覺得自己被排斥、沒人愛。出於社會文化對不同性別的印象與要求，第一種情況較常發生在男孩身上，第二種情況較常發生在女孩身上；第三種情況則不分性別，同樣都很常見。在這種情況下，被放逐者體會到的除了痛苦，還有羞辱。他們背負著受創經驗的記憶與感受，承擔著隨之而生的情緒與信念，不僅被他人嫌棄，還被自己唾棄。

練習．你如何看待自己的脆弱？

．當你表現出敏感與脆弱的一面時，雙親或家庭成員會怎麼回應？你會在什麼時候覺得自己充滿活力？你曾在什麼時候感覺很受傷，並因此產生激烈的行為反應？

．雙親或家人當時的反應（或是他們常有的反應），對你看待自己脆弱一面的方式有什麼影響？

我們自行埋葬了喜悅

被放逐者是埋藏在我們心裡的寶藏。但由於他們仍處與極度痛苦又需要關愛的狀態，於是一直被我們當成有毒廢棄物，應該離他們遠遠的，否則就會被傳染。身旁的人也都這麼想，大家都覺得我們應該要放逐那些部分，讓過去的事情過去，別再想起來。這是因爲沒人知道，有毒的是內在部分所背負的情緒和信念，而不是扛起重擔的他們。事實上，這些內在部分所代表的脆弱、敏感、玩心、創造力和自發性，正是親密關係的核心。要是我們自己埋葬了心中的喜悅，要怎麼享受伴侶的相伴？這就像當兩人的關係變得平淡無味而怪罪彼此時，卻沒發現其實是雙方都忘記了自己把調味料藏在哪裡。

放逐自己脆弱的一面，就像羞辱了一個孩子後，再把他關進幽暗的地牢。在這種情況下，孩子的感覺勢必糟透了：覺得自己被排斥、拋棄，既害怕他人又渴望關注，急迫地想脫離這種無愛的處境——這也正是我們心中被放逐者的感受。

被放逐者的力量

相較於無法對獄卒產生影響力的囚犯，被放逐者對於我們的內心倒是有十分強大的控制力；尤其是當生活中發生了什麼讓他們傷心的事情時，這些被放逐者便有能力把我們拖進絕望裡。他們不只是被關起來又無力反抗的小孩。陷入絕望的我們會和被放逐者合而爲一，以各種恐怖的方式被痛苦與羞愧吞噬。

被內在部分吞噬

作家伊莉莎白．吉兒伯特（Elizabeth Gilbert）遭到男友大衛拒絕時，她這樣形容自己被內在部分吞噬時的感受，精準地捕捉了處在這種地獄中的氛圍：

我開始害怕夜晚，夜晚好似一座會施加酷刑的囚牢。躺在睡著的大衛身邊、他那美麗卻難以觸及的身體旁，我墜入了恐慌寂寞的迴圈，編織起縝密的自爆計畫。我感覺自己像一部機器，某種裝滿彈簧的簡易機械，正處在遠超過原廠預設的壓力下，隨時都可能爆炸，波及周圍的人。我想像自己的身體零件從軀幹飛走，以逃離不愉快的爆炸核心——就是我。在大多數的早晨，當大衛起床後，他會發現我睡在他床邊的地板上，蜷縮在一堆浴巾上，像一隻狗。

被放逐者如此猛烈地奪去生活的主導權後，先是會讓伴侶相當訝異，接著就會十分厭惡反感。然而伴侶的厭惡與反感正是被放逐者最不願意見到的，讓遭到排斥的痛苦更加惡化。

大衛的反應便是如此，所以讓伊莉莎白更絕望。

我無望又無力，變得很依賴他，需要的照顧比早產三胞胎還多。他的冷淡讓我變得更難纏，我的難纏又讓他變得更冷淡。很快的，他在我哭啼的哀求砲火中退縮。「你要去哪裡？我們兩個怎麼會變成這樣？」……那個曾欣賞愛慕你的人，現在對你嫌棄厭惡。他看著你，就像看著素未謀面的人，完全不是曾熱烈相愛的人會有的眼神。諷刺的是，你完全無法責怪他；我是說，回頭看看你自己，這麼可悲的爛人，連你自己都認不得。

當被放逐者奪去生活的主導權，讓人陷入失控難解的惡性循環後，伊莉莎白的最後一句話點出了這種狀態的另一項要素：你會開始討厭自己這些軟弱又依賴的行爲，也能清楚看到伴侶對此有什麼反應，卻沒辦法不讓自己這樣。自責的心聲狠狠地數落自己，希望能透過羞辱的方式來遏止這些行爲，並想辦法把脆弱的部分關回去。但這麼做只會讓這個部分感覺更糟糕更絕望，進而奪下更多主導權。另一方面，大衛很可能也像多數男性一樣，痛恨自己那個需要關愛的部分，所以當他看到伊莉莎白展現出需要關愛的那一面時，就會用對待自己同一面的方式對待伊莉莎白，也就是冷漠與嫌惡。

凍結在過去的自己

內在家庭系統治療師莫娜·芭芭拉（Mona Barbera）在她精采的著作《帶自己去愛》（*Bring Yourself to Love*）中，爲這類狀態提供了另一個案例。她在書中描述了自己設法說服丈夫孟克一起參加伴侶工作坊，卻遭到拒絕的故事。

> 我整個人開始變得緊繃……不再像原本那樣輕鬆自在。一瞬間，我變成了十二歲的我，正坐在餐桌上，左邊是我媽，右邊是我爸，對面是我的姊妹拉娜。

我面前有一碗濃郁的番茄湯，自家熬煮的，但我沒喝這碗湯。媽媽問我爲什麼不喝，我說因爲我不喜歡它。我看到她的臉猙獰了一、兩秒後，整個人從椅子上跳起來，對著我吼：「你這個不知感恩、令人討厭、令人受傷的傢伙！我做什麼你都不滿意！」然後便跺著腳上樓回房間。我們全家都知道，根據過往的經驗，這種時候無論怎麼敲門，跟她道歉、求情，她都會在樓上待個三天絕不下樓。

我爸、我，還有拉娜繼續坐在那裡，我讓自己的身體靜止不動，以免再度激怒在場的人。與此同時，我在心裡築了一道牆，把本能的感受都關進去，這樣以後我就不會意識到這些感受的存在，也不會在表達這些感受後讓自己受傷。

當孟克說出「我不想參加那個伴侶工作坊」時，觸發了我心中這個十二歲的部分，讓我突然又回到了十二歲、還跟家人住在一起的狀態。只聽得見腦袋裡的聲音在說：「他根本就不在乎我的需求！不管我想要什麼，對他來說都不重要。」當下的我並不知道，這個我只是一小部分的我，因爲這個部分已經占據了我全部的心思。我看不見那個受傷的十二歲小孩，也無法陪伴在她身邊。

當下我也沒讓孟克知道我受傷了，因爲我生氣的部分立刻衝出來，控訴他不在乎我的感受、他這樣做對我不公平。接著想當然耳，我生氣的部分激怒了他生氣、具有攻擊性的部分。

一如莫娜所發現的，被我們放逐的內在部分已被凍結在過去的某起事件中，某個我們想辦法忘記的場景裡。這個部分一旦被觸發，有些人會像伊莉莎白那樣就地崩潰，向伴侶展現出自己的脆弱，並索求無止盡的關愛。有些人則會像莫娜，即便感受到被放逐者的痛苦與折磨，卻不表現出來讓伴侶看見，而是由暴怒的保衛者接手主導，導致伴侶對這突如其然的激動反應感到錯愕。然後孟克心中的被放逐者可能會被這莫名其妙又沒來由的暴怒嚇到，喚醒了某個黑暗的回憶，激起他防衛性的反擊。這就是伴侶間爭吵往往越演越烈的原因，雙方的保衛者重重傷害了對方的被放逐者，喚醒了彼此過去的傷痛，導致兩人又以更激烈的防衛手段回擊，為彼此烙下更深的傷口。

決定親密關係成敗的因素

另外，就算被放逐者並沒有被觸發，只是存在於我們心中，成為慢性疼痛的背景，同樣會對生活造成巨大的影響。即便我們並未意識到，被放逐者仍影響了我們會選擇什麼樣的人做爲親密伴侶，會有多大的耐心等待並尋找那個人；找到之後會多依賴對方、多想控制對方、多容易受傷，又會保有多少防備、多容易對伴侶不滿。換句話說，**決定親密關係成敗的，就是我們心裡的被放逐者與對方的保衛者**。

被放逐者承受的是雙重打擊：先是被某個自己想依賴、討愛的對象拒絕、羞辱、拋棄，然後是被自己拒絕、羞辱、拋棄。因此他們常常求愛若渴，並戰戰兢兢地害怕自己失去手上任何一分愛，甚至深信自己不值得被愛。就像前面所說的，當被放逐者陷入傷痛中，他們看起來不像是被埋沒的寶藏，更像是一堆有毒廢棄物，彷彿一旦將他們放出來，就會把毒物散播出去；更何況，陷入傷痛的被放逐者的確有能力爲關係掀起滔天駭浪。難怪大家會說，最好離心中那個部分遠一點。

要接近心中的被放逐者，得跨出很大的一步。你需要先相信，他們並不是表面上看起來那樣，而且經過轉化後，他們有機會蛻變爲很珍貴的特質。我寫這本書的其中一個目的，就是要讓大家相信，即便這個部分對親密關係具有潛在的破壞性，但這只是因爲他們背負了過去的重擔並遭到放逐的緣故。**一旦我們學會如何愛他們、照顧他們，他們將成爲親密關係美滿的關鍵**。

練習・如何守護你心裡的被放逐者

・你是否曾花點時間好好了解自己心中的被放逐者？有沒有什麼方法能讓了解這個部分的過程更安全、沒那麼恐怖？

・在對自己心中的被放逐者有較多認識後，你現在對他們有什麼感覺？能描述一下你是怎麼在心裡跟他們對話的嗎？

・你知道這些有點不成熟的部分有多常主導你和伴侶的關係？這些部分會讓你覺得自己回到過去的哪個時間點或時期？

・你覺得自己可以用什麼不同於當時的方式照顧他們？如果你能好好照顧這些部分，你覺得一切會有什麼樣的改變嗎？

尋找並療癒被放逐者

莫娜知道「部分」這個概念，也知道怎麼在心裡找到他們，因此在爭吵後，她找到並安慰了心中那個憂愁的青少年部分，然後與孟克修復關係。

幾個小時後，在某間餐館外的一條砂石路上，我終於有辦法辨識出心中那個受傷的十二歲孩子。她覺得自己被關在飯廳、困在那張餐桌邊，而我們就在那裡相見。我的出現與肯認她身處的世界，讓她整個人放鬆許多……我對她做了沒有人對她做過的事——注意到她的痛苦。然後我脫離了眼中只有自己的狹隘視角，看到孟克肩膀緊繃地站在暗處，他僵硬的臉孔面無表情。他也很痛苦！

……我深呼吸，丟掉氣憤的態度，對他說：「我一定傷你很深，才會讓你這樣子對我。」他的肩膀鬆開了，表情也柔和許多，回復到平常的樣子。我的身體也不再緊繃了，感覺內在核心散發出一股溫暖豐沛的踏實感受——那是我和孟克之間的連結。

莫娜心中那個十二歲的小女孩之所以會被孟克吸引，很可能就是因爲他似乎是個會照顧她的人，而不像兒時的父親。所以每當孟克回絕對莫娜來說很重要的要求時，就會讓她心裡的被放逐者覺得希望再度破滅：「他根本就跟爸爸一樣！我以爲他會把我救出來，但我還是被困在發瘋的媽媽身邊，沒有人能保護我！」但如果莫娜能繼續讓這個十二歲的小女孩知道自己可以保護她、照顧她，她就不會把期待投射在孟克身上，也不會再活在回憶裡；不只如此，這個很有安全感的十二歲小女孩，還能展現出她的幽默與聰慧，這對孟克來說也有好處。

關於莫娜的例子，還有一件我想強調的事：莫娜是透過與孟克之間的爭吵，才找到了心中這個被放逐的重要部分。當伴侶雙方做到這一點時，儘管爭吵令人不舒服，但終究會變成能療癒彼此的寶貴機會，並成爲滋養兩人未來的養分。然而要做到這一點，雙方都要能在自己被對方傷害時，以反直覺的方式往自己的內在尋求解套之道。

對感情的極端信念

就像莫娜心中那個十二歲的小女孩，被放逐者會覺得自己像個被拒絕的孤兒，並迫切地想脫離身處的悲慘境地，渴望被愛、獲得療癒。光是從這一點，就能告訴我們：被放逐的內在部分對我們愛人的能力有很大的影響。除此之外，被放逐者也會對諸如什麼才叫做愛、自己值不值得被愛、一定要從什麼樣的人身上得到愛、愛能否持久等問題抱持各種相對極端的信念。被放逐者通常是在年幼時從照顧者身上得到這些觀念，不過這些極端信念也有可能是在我們長大後，才從傷痛中學會的。

愛是什麼？

我有許多個案這輩子幾乎或完全不曾感受來自父母的愛。由於他們的主要照顧者受自己的內在部分主導，所以把孩子當成某種工具來使用。舉例來說，如果父親需要你來照顧他的情緒，他就只會重視你有能力關心、照顧他人的部分，使得你必須放逐自己脆弱的部分。對這些被放逐的部分來說，愛就是承擔難以承受的責任，盲目地努力照顧別人。若你被其中雙親之一當成滿足性需求的工具，你心中被放逐的部分就會相信愛與危險、羞辱畫上等號。如果母親無法忍受你離開她，對那麼你來說，愛就是爲他人犧牲自己的希望與抱負。

這裡我想強調的是，許多人心中的被放逐者經常作繭自縛。這些部分渴望被愛，卻又深信必須用高昂的代價才能換到愛。我曾經遇過許多個案，在終於有辦法靠近心中那個被放逐的孩子時，才發現那孩子早就嚇壞了，把自己封閉起來。連「自我」的愛都無法取信於他。在這種情況下，必須經過多次晤談，溫柔地消解個案的壓力，才能讓那個部分願意對自我的愛產生一點點反應。想像一下，若有個飽受驚嚇、尚未成熟、覺得愛很危險、認爲愛會帶來毀滅的孩子被關在我們內心的地下室，他勢必會對我們與他人締結親密關係的能力有相當大的影響。

生存恐懼

除了對「愛」的恐懼，多數人心中的被放逐者也往往覺得自己沒有價值，覺得沒有人會愛這樣的自己。如果你心中的這部分也是這麼想的，通常是雙親（至少是其中一人）曾這樣告訴你。這種說法對一個孩子來說該有多恐怖，畢竟在孩子的世界裡，沒有比不受照顧者重視更可怕的事了。

強烈想尋求他人的認可是孩童的天性，而這種天性其來有自。人類這個物種打從出現以來，大多數幼體就會因爲疾病、母親分娩時的併發症、遭到忽視或虐待等因素而活不過嬰兒時期。就算是現在，全球每年也有五百萬名孩童在滿五歲前便夭折。年幼的人類是一種需要高度照護的生物，需要不間斷的關注與照顧；跟其他動物相比，年幼的人類需要依賴照顧者的時間也非常長。對某些孩子來說，不被認可甚至是如同死亡、殘酷虐待般痛苦的事。

孩子天生便極度渴望獲得認可，因此，一旦感覺自己的價值沒被看見，便會引發強烈的恐懼。人們常說的自尊，其實就是小時候獲得重視、讓我們覺得自己有辦法活下來的一種安全感。如果照顧者喜歡你，你就會活下來；反之，你就很有可能完蛋。

當孩子能持續從照顧者身上得到正面訊息、感覺自己有價值，環境也很安全時，生命早期的生存恐懼就會降低。一個受到妥善養育的小孩，能輕鬆自在地悠遊於這個世界，如同走進溫暖的浴池般；性格中與生俱來要確保自己能活下來的部分，也會放下警戒，讓孩子得以觸及充滿美妙感受和資源的豐富內心世界。一個孩子越能在直覺的層次上與自身的內在世界同步，就越有安全感，因爲除了能接觸到更有創意和冒險玩心的部分，也會感受到「自我」的存在——除去恐懼後眞正的自己。

害怕自己沒人愛

有三種情況會讓一個孩子覺得自己沒人愛。前兩種情況發生在家長把他們當成工具，也就是未將孩子視爲他自己時。這是什麼意思呢？有些父母會一邊把孩子當成工具，一邊說自己的孩子很有價值，甚至說身邊不能沒有這個孩子，但事實上，他們只想讓孩子扮演特定角色，例如伴侶的替代品、知己、閨密、戀人等。他們把孩子的表現與外貌當成戰利品，能讓自己有面子；他們把孩子當成一種娛樂，某種能轉移注意力的工具；把孩子當成挽回脆弱婚姻的救星，甚至是一起對抗伴侶的夥伴。這樣的孩子會學到的是，自己的價值來自於扮演某個特定角色，而非自身的本質。他們受困在這種狀態裡，並感到惶惑不已。他們常在自己獲得注意、稱讚、擁有特權時感到歡喜，並長成一個對雙親極其感恩與忠誠的人。

但為什麼這樣的孩子，還會覺得自己沒價值呢？

身處第二種情況的孩子，完全不會對「我為什麼感覺這麼糟糕？」感到困惑，因為他們的父母直接把孩子當成沒人要的東西，表示孩子的出生毀了自己的人生。這些家長把承擔失敗的責任推到孩子身上，把孩子當成發洩怒氣的箭靶、用完就丟的情趣玩具。這些孩子心中不僅深深烙印著「我毫無價值」的觀念，甚至還會自我檢討，覺得父母之所以會這樣都是自己造成的。他們會自問：「要不是我有問題，我媽怎麼會變成這樣子？」並得到「一定是我有問題」的結論。

第一種情況中的孩子，至少知道自己只要繼續扮演好那個角色就能活下來；第二種情況中的孩子要不就是拚命取悅雙親（卻總是無法做到），或是直接放棄取悅，在自己心裡築起一道保護牆。他們因此被生存的恐懼籠罩，覺得人生只能聽天由命。

孩子從父母身上了解到自己不被重視的第三種情況，則是偶然或意外。孩子很容易用錯誤的方式來詮釋一件事，然後認為都是自己的錯。比方說，雙親離婚時，孩子可能會以爲是自己做錯了什麼，所以爸爸才要離開家；自己的手足成績很好、常被人稱讚，讓他覺得自己比兄弟姊妹更沒價值；家裡其他孩子因爲疾病需要雙親額外且長期的照顧，讓他覺得自己永遠是被拋下的那一個，沒有其他人重要。又或是當女孩長大成熟、身體開始發育時，爸爸就突然不再抱她了，卻讓她以爲是自己做錯了什麼。根據我多年的臨床經驗，我發現除非雙親能非常敏感且細緻地觀察孩子對家中變化或創傷事件的反應，並進一步把話說開，否則難以避免在孩子心底累積某種程度的無價值感。

那麼，如果我們心中的被放逐者認爲自己沒人愛的話，會怎樣影響我們的親密關係？

要是你眞的打從心底相信自己沒人愛，想當然耳，你會非常害怕被人拒絕，因爲這等於證明了你眞的沒人愛。這讓某些人不願冒險，嘗試爲自己找個好伴侶，而且不管誰想接近自己，都和對方保持距離，因爲他們太害怕別人發現自己其實如此卑鄙。也讓有些人因此變得自戀，無止盡地想透過別人的目光與讚賞，塡滿自卑的無底洞。

尋求補償

以爲自己沒人愛所造成的另一種心態，可說非常普遍又力量強大，値得我們更深入並全面討論。以爲自己沒人愛的沉重信念，不只會引發前面提到的生存恐懼，更會成爲尋求補償的強烈動機——試圖讓那個當初說你沒人愛的人改變心意，進而表達他有多重視你。「尋求補償」這個項動機會成爲你擇偶的主要條件，讓你追求外表、聲音或行爲都與始作俑者很像的人。如果說你沒人愛的正好是父母，那麼你很可能會強烈受到與父母（或其中之一）在某種程度上相似的對象吸引。

這會讓你在尋找伴侶時，對特定類型的人產生觸電般的心醉神迷。如果你沿著這種鬼迷心竅的感覺往內心探索，可能會發現被關在地下室的孩子裡，有一個正興奮得難以自制，他以爲自己盼望已久的照顧與補償終於要發生了，他已把對方當成命中注定的救贖者、呵護者和彌補過去傷痛的人。這孩子以爲，只要你能讓對方愛上自己，你就能證明自己還是有人愛。對方的愛會讓這個孩子或是覺得母親終於改變心意，覺得他其實很可愛；或是覺得父親終於不再視他爲沒用的賠錢貨，並爲他感到驕傲。被放逐者相信自己終於能擺脫困境，能從照顧者身上得到期盼已久的愛和安全感。

覺得自己像個隱形人

正如我的個案蒂娜，她三十二歲，是位十分有魅力的情場老手。她在晤談時問我：「爲什麼我總是會愛上渣男？爲什麼我就是沒辦法跟懂得尊重我、照顧我的人在一起？」經過幾次晤談之後，蒂娜在心裡發現了一個被放逐的部分，那是一個八歲的小女孩，還卡在過去。在那段時光裡，蒂娜一直想找父親陪她玩，父親卻總是忽視她的存在。蒂娜說，父親是一個要求很多又很自戀的人，他很少在家，但在家的時候都在工作，不然就是只跟蒂娜的哥哥玩。八歲的蒂娜覺得自己在爸爸眼裡像是隱形似的，彷彿根本不存在。她形單影隻地站在那裡，看著父親陪哥哥玩，等待父親注意到自己的存在。

望著那個過去的自己，蒂娜流下了眼淚，她說，她替那個遭到忽視的可憐小女孩感到難過。我請蒂娜待在那個回憶的場景裡，用當時的她希望的方式陪伴那個小女孩。蒂娜說，她朝那孩子走去，試著引起她的注意，但對方沒理她，目光仍寂寞地停留在爸爸身上。我請蒂娜先在那裡待一會兒，繼續想辦法讓小女孩知道自己在乎她，就算小女孩還是不理她也一樣。小女孩疑惑地看著蒂娜，並表示自己只要爸爸。我請蒂娜向小女孩提問：「爲什麼害怕自己得不到爸爸的愛？」小女孩回答，要是爸爸不愛自己，就代表一定是自己做錯了什麼。蒂娜告訴小女孩，她沒有做錯什麼；事實上，爸爸只是不知道怎麼跟小女生相處，而且有些重男輕女。小女孩卻說她不管，就是要有爸爸的愛，她才會開心。

接下來的幾次晤談中，蒂娜一直告訴那個八歲的小女孩自己有多在乎她，讓小女孩相信蒂娜也能給她些什麼，並請她將目光從爸爸轉移到自己身上。某次，小女孩終於不再面無表情，並倒在蒂娜的懷中啜泣。後來，等小女孩準備好後，蒂娜將小女孩帶離那個場景，帶回自己住的公寓，並持續讓她沐浴在愛裡。小女孩心裡那種無價值、沒人愛的感受終於慢慢消逝，變得平靜且和諧。

父親將「沒人愛」的重擔落在八歲的蒂娜肩上，但因爲這個小女孩太痛苦了，於是蒂娜將她放逐；而小女孩也因爲被蒂娜放逐而不再相信她——不相信自己還能從自己身上得到些什麼。另一方面，小女孩讓蒂娜深受神似於父親、帥氣又有力的男性吸引，但這些男性也像父親一樣，既自我中心又是工作狂。與這些男性發展出來的戀情，從開始到結束的過程總是大同小異。蒂娜先是盲目地迷戀這些男性，連一些顯而易見的缺點都看不見，並在獲得對方的注意後興奮不已，這是因爲蒂娜心中那個八歲小女孩的部分，覺得自己突然從遙遠的邊疆被召回了權力核心，以爲沒人愛的詛咒解除了。

蒂娜會無底限地溺愛對方，像是感謝父母賞賜的孩子般。但漸漸的，對方會開始嫌蒂娜太緊迫盯人，並對她越來越糟。這總是讓蒂娜非常傷心，因爲心裡那個八歲的小女孩又被拉回了遭到忽視的場景，再度被關進無價值感的黑暗衣櫃裡。那些男人也會被蒂娜激烈的反應嚇到，隨後要不是甩了她，就是繼續對她很糟，直到蒂娜心中的保衛者終於站出來主導，取代八歲小女孩的部分，把她從關係裡拉出來。接著，蒂娜會一直活在自己沒人愛的沮喪裡，直到下一個充滿魅力、能彌補她遺憾的男人出現。

你從來不是沒人愛的孩子

一旦蒂娜心中的八歲小女孩開始相信自己其實不需要爸爸的關注，因爲蒂娜永遠都會在她需要的時候出現，蒂娜的感情生活開始變得不一樣了。現在的蒂娜不再因爲小女孩的痴迷而看不見對方的缺點，喜歡的也是對她好、對她有興趣的男性，即便對方不是高富帥。她現在和一位離過婚的高中老師史蒂夫交往，對方有兩名正值青春期的兒子，並盡可能參與孩子們的生活。

在蒂娜試著與其他類型的男性約會、嘗試建立有別於以往的感情型態的這段期間，我們仍繼續晤談。她說自己偶爾還是會有點懷念以前那種剛交往時的狂喜激情，但心情不必再隨著對方大起大落，誰也沒有愛誰比較多的現況，反倒讓她輕鬆許多。她也發現，就算史蒂夫做了什麼不太體貼的事情，她的反應也不會像以前那麼大了。蒂娜對自己的評價不再隨著伴侶的所作所爲波動起伏，因爲她心裡的那個小女孩很清楚，無論史蒂夫做了什麼，都不會改變蒂娜對自己的愛。

我發現這種尋求補償的心態多少影響了個案們的感情生活。這種心態受到文化助長，總是無所不在地告訴我們，幸福的關鍵在於找到那個對的人，脫不了單的人就是失敗者。光是在這樣的環境中成長，就會讓某部分的我們不容許自己在找到那個人之前享受人生，甚至發現這個尋尋覓覓、好不容易找到的「靈魂伴侶」竟對自己所能付出的一切毫無興趣。而且就算雙親只在你心中留下輕微的遺憾，讓某些部分承受些許的無價值感，你仍會像蒂娜或其他人一樣，永遠被綑綁在那裡，乘著由「無價值感」驅動的雲霄飛車，不斷大起大落。

這種心態對感情的影響有幾種變形，其中一種是**「破滅的完美幻想」**：當你選擇的「救贖者」眞的開始對你產生好感時，你反而會覺得不對勁（「連我都看得上，表示這個人也不怎麼樣」），或是當對方展現出與自己想像中不同的特質時（「他哭什麼哭？他不是應該要很堅強的嗎？」），馬上認為自己找錯人了。另一種變形則是**「寧可我甩人，不可人甩我」**，在對方發現自己有多不完美之前，就先發制人地疏遠對方。

害怕沒人愛、與之相關的生存恐懼，以及尋求補償的心態，強而有力地打造出一座人際關係的地獄，讓我們困在其中。我們的文化提供了兩條途徑來消除這種不被愛的恐懼：一、找到能彌補遺憾的人，證明自己不是沒人愛；二、找個能轉移注意力的事情或物質（藥物、電視、網路、工作購物、毒品、酒精或其他會讓人上癮的行為）。事實上，這兩種方式都沒什麼用。相反的，**我們必須走進記憶的地獄，才能順利找到心中那個被困在過去的小孩，並告訴他，「你從來不是沒人愛的孩子」**。

受虐的重擔

你以爲能彌補遺憾的伴侶注定彌補不了你的遺憾，因爲比起你自己，他們並沒有更了解你的過去。而且你之所以選擇對方，是因爲他在某種程度上跟當初傷害你的照顧者很像，這也表示在未來的某一天，這個人可能會用同樣的方式再次傷害你。這就像是被隱形捕獸夾弄傷的你，到處尋找能卸下捕獸夾的人。好不容易找到了一個人，你很高興地鬆了口氣，但後來才發現，這個人竟用捕獸夾扣住你的另一隻腳。

若曾遭受肢體或性虐待，被放逐者會額外背負與判定自我價值有關的信念，這些信念會強化認爲自己沒人愛、進而尋求救贖的心態；其中一種是把對方施虐的行爲轉化成自虐，並認爲自己很壞，不值得眞正的愛。在關係裡，你會把伴侶當成注定要來彌補缺憾的人，因此忍受對方嚴重的虐待，而這樣的關係也證明了你對自己的看法，認爲自己就是如此不值得。甚至在獲得他人尊重時，也不曉得該怎麼相信對方或接受別人平等的對待。一部分的你相信，自己必須爲所獲得的任何好意付出代價（例如性方面的好處或過度的照顧），並深信正直的好人是不可能待在自己身邊的。

這些信念正是受虐兒會有的想法，因爲在他們幼小的心靈中，除了認定是自己的問題外，找不到其他方法來解釋爲什麼大人對自己這麼壞。而且對這些孩子來說，討厭自己比討厭對他們施虐的大人安全多了——孩子若對施虐者表現出任何不滿，通常只會換來更多傷害。如果你小時候曾受到虐待，心裡很可能就有這麼一個被放逐的小孩，還凍結在虐待發生的當下，仍深深厭惡自己。

以爲自己沒有價值的信念和想從伴侶身上尋求補償的強烈動機，兩者結合起來的強度通常與自己當時受虐的程度和時間有正相關，這解釋了爲什麼明明有其他更合理的選擇，但許多人仍會回到施暴的伴侶身邊。一方面，伴侶向他們示愛或挺身保護的短暫美好讓這些人沉溺其中；另一方面，他們深信自己就該被糟蹋。不過切記，這只是多數人心中的被放逐者在尋求補償時，所表現出來的較極端模式。

愛會不會持久？

被放逐者常懷有的想法中，會對親密關係產生很大影響的最後一種，是**自己會不會失去這些得到的愛**。某些個案在終於找到心裡那個被放逐的小孩時，會發現那孩子失魂落魄、雙眼無神地不住發抖，對他們的出現毫無反應。這些內在部分因爲失去了照顧者的愛，放棄了再次被愛的可能，被痛苦擊垮。他們的傷痛可能源自被雙親（或其中一位）遺棄、拒絕或忽視的經驗，也可能出於親人意外亡故等原因，讓他們失去了某個重要的人。那些造成傷痛的事情（尤其是會一再發生的那種），不僅會讓孩子相信「愛不會持久」，還會因爲失去愛的痛苦實在太恐怖，讓他們決定不再打開心房去愛，以免再度受創。

如果你認爲愛注定不會持久，就不會願意冒險，嘗試與其他人建立眞正親密的關係；就算找到了伴侶，也無法眞正對他們敞開心扉，因爲你認爲對方遲早會離開你，不要投入太多感情才是上策。

自我實現預言

被放逐者所抱持的各種信念，不只限制了人際關係的深度，還會進一步讓那些最可怕的情節眞的發生在現實生活中。舉例來說，如果你因爲太害怕對方會離開你，所以不願意向對方敞開自己的心，反而會提高對方離開你的機率，畢竟你不願意讓對方走進你的心。一旦對方眞的離開你，也就證實了你的假設，而下一段戀情很可能又會是相同的模式。另一個例子是，假如你相信自己就是沒人愛，因此對伴侶百般依賴到過了頭的程度，甚至設法控制對方（因爲你認定伴侶是彌補自己缺憾的對象），對方遲早會失去耐性與對你的尊重，開始對你很壞，再度證實自己果然沒人愛的預設。

這世界上最不公平的事情之一，就是曾遭受虐待的人，在受虐經驗所根植的情緒與信念影響下，注定再三承受折磨。這些人經常被家人責備，甚至遭到專業心理助人工作者質疑，爲什麼非得在令自己難堪的困境中尋找歡愉。「竟然會跟這種糟糕的人在一起，他想必從中獲得了什麼，他一定本來就很喜歡被支配的感覺。」

練習．了解你對感情的極端信念

你能藉由回溯童年往事來了解被放逐者對於愛與關係的極端信念，這也是許多傳統心理治療的重點。

舉例來說，你被父母當成工具人的情況有多嚴重？是否曾受到虐待？父母是否有過哪些言行讓你感覺自己很沒價值？你需要反過來照顧雙親的頻率有多高？基於這些經驗，你心中的被放逐者會對愛有什麼看法？

在真正接觸並向內心的被放逐者提問前，我們很難知道他們有什麼樣的想法或觀念。有可能你心裡的保衛者還沒準備好讓你聆聽被放逐者的心聲，所以讓你暫時無法接觸被放逐的部分。如果是這樣，你可能無法從這項練習得到什麼收穫。也許你需要找位內在家庭系統治療師，請他幫助你接近心中的被放逐者，再了解他們抱持著什麼樣的信念。

你也可以回想一下，在過去的戀情中，是否曾有感覺格外脆弱的時候？那種感覺可能是受傷、羞愧、害怕被拋棄、不想被拒絕，或是很想彌補過去的遺憾，請選擇最常出現的感受，並專注在那段回憶，並看看自己能不能感覺那個部分是在身體內側或外面。你對這個受傷的部分有什麼感覺？如果有其他部分浮現，表示自己很害怕或不喜歡你接近那個受傷的部分時，請告訴他們，你只是想對這部分有多一點了解，請他們放鬆並退後，直到你對這個被放逐的部分感到好奇。

當你感覺自己真心對這個部分充滿好奇時，就是開口的好時機，你可以問問他，關於自己的事，有沒有什麼是他想讓你知道的。如果你覺得沒問題、很安全的話，也可以和伴侶分享這個過程，以及自己的心得。

依附理論與被放逐者

小時候曾受到虐待的人，長大後常會把這種模式複製到親密關係裡。關於這種現象，我有與他人截然不同的詮釋。我認為這些曾受虐的倖存者之所以會有這樣的行為模式，其動力是來自於他們心中被放逐者所抱持的信念。

四種依附型態

讓我們從「依附理論」開始了解這個現象吧。

幾十年前，英國心理分析師約翰．鮑比（John Bowlby）提出了一個假設，他認爲一個人年幼時與照顧者之間的互動，會深深影響長大後與別人的關係。一九五〇年代時，鮑比透過研究動物的行爲提出理論，指出人類的嬰幼兒和居住在陸地的靈長類動物一樣，都有依賴照顧者的本能。後來他又進一步發展這項理論，認爲嬰幼兒對家長的依附行爲，對幼兒的心智發展有重大的影響。他認爲，透過與照顧者的互動，小孩子會形成一種「內在運作模式」來理解世界運作的方式，而這種運作模式也會影響一個人將來怎麼面對人生。

後來，心理學家瑪莉．安斯沃斯（Mary Ainsworth）在實驗室裡驗證鮑比的理論。在這項實驗裡，幼兒會被迫與生母分開二十分鐘，然後再讓生母回到幼兒身邊。她發現，照顧者對待幼兒的方式，可以預測幼兒在生母離開時的反應，且幼兒的反應——也就是他們的依附型態——能有效預測這個人長大後的成就。安斯沃斯透過實驗，提出了四種基礎依附型態，後來更有上百個試圖檢驗這個理論的研究，都驗證了她提出的框架。

在這項研究中，他們發現母親若以溫柔且一致的方式及時回應嬰兒需求，會培育出有安全感的孩子。這樣的孩子在分離期間會表現出想念母親的樣子，有時候會哭，不過當母親再度出現時，他們很快就會沒事，繼續回到遊戲中。

如果母親總是冷漠嚴肅、愛理不理、不太在乎小孩，會讓孩子發展出「迴避型依附」。在實驗裡，迴避型依附的小孩自始至終沒有表現出什麼情緒，不論母親離開或返回，都一副無動於衷的樣子。還有一種類型的母親會表現出不一致的行爲：有時會適度安撫孩子，有時卻以很突然的方式與孩子互動，好像不太清楚孩子當下的狀態。這樣的孩子會表現出所謂的「矛盾型依附」：母親在身邊時會很黏人，母親離開時則會難以安撫地激烈大哭，即使在母親回來後，仍無法停止。最後一種則是「混亂型依附」，小孩對母親的依賴行爲有些紊亂，難以歸類。這可能是因爲照顧者常用難以預測的方式對待孩子，也可能是因爲照顧者對孩子極度忽視，甚至施虐。這些孩子在實驗進行中會做出一些奇特的行爲，例如一直在原地繞圈圈，躺在地上前後搖晃，甚至是進入宛如石化般的謎樣狀態。

根據多年與個案互動的經驗，我發現，當個案專注於心中某個被放逐部分的感受時，他們腦中經常浮現屬於該部分的畫面，而且這些畫面的內容與依附理論的觀察不謀而合。有些個案會看到一個黏人的男孩或女孩在哭，並發狂似地纏著個案不放，跟實驗裡矛盾型依附的孩子沒什麼兩樣。有些個案則會發現自己內在的小孩一副心不在焉的樣子，對他們的出現或是毫無反應，或是滿不在乎，又或是氣呼呼地鬧脾氣，拒絕讓他們接近，表現得就像迴避型依附的小孩一樣。另外，也有些個案內心的被放逐者要不就是看起來一動也不動、要死不活、奄奄一息的樣子，要不就是一副瘋癲發狂的樣子，一如安斯沃斯理論中具有混亂型依附的孩子。

鮑比所說孩子的「內在運作模式」，正是我們心中被放逐者對愛的思維模式。在依附理論這個領域中，有許多研究都證實了這個內在運作模式會影響一個人長大後的親密關係。

二度依附創傷

個體因需求得不到照顧者回應而造成的傷害，稱之為依附創傷（attachment

injury），會讓心中的被放逐者形成與愛相關的信念與情緒。如果伴侶又對你做了類似的事情，你所遭遇到的就是我所謂的二度依附創傷（attachment reinjury）。二度依附創傷可能發生在伴侶對你的背叛、拋棄或羞辱，並再次向你心裡的被放逐者證明：你果眞沒人愛。二度依附創傷會對你造成多嚴重的影響，取決於被放逐者背負了多沉重的無價値感。

看似惡魔的保衛者

舉例來說，丹尼爾和莎拉前來找我晤談，因爲他們都認爲丹尼爾火爆的脾氣正在嚴重摧毀他倆的關係。他們告訴我，雖然丹尼爾的脾氣一直以來都不太好，但自從兩年前他父親過世後，他的情緒控管問題變得更嚴重。兩人爭執時，丹尼爾常會莫名其妙地在某些問題上突然「失控」，雖然還不至於到動手的地步，但說話會變得很大聲、咄咄逼人，而且不管莎拉走到家裡的哪個角落，他都會一直跟著她。

在經過幾次談論往事的晤談後，我問丹尼爾想不想改變每次都被心裡那個生氣的部分搶走主導權的狀況。他說想，於是我請丹尼爾先專注在生氣的那個部分，看看這個部分存在於他體內的哪裡。他說他在手臂和拳頭上找到了這個部分。接著，我請他繼續專注在這個部分，並問他有什麼感受。丹尼爾說他很害怕，因爲這個部分有能力一瞬間壓垮他的理智，這個部分也曾做出傷人的行爲，說出傷人的話。

就在丹尼爾專注於這個部分的當下，他腦中浮現了一個畫面：一隻惡魔，有尾巴、頭上有角的惡魔。爲了幫助丹尼爾也找到他的「自我」，我請他先去找心裡另一個害怕惡魔的部分，並問這個部分願不願先離開他一下——先去旁邊「休息」一下——這樣他才有辦法靠近並了解那個像惡魔的部分。丹尼爾說，害怕的部分表示，如果丹尼爾能把惡魔關起來，他就願意去旁邊休息。於是丹尼爾在腦中將惡魔關進了一個房間，並透過窗戶從房間外頭看進去，看到惡魔正因爲自己被關起來而暴怒，不住地大聲咒罵、咆哮怒吼。我問丹尼爾對此有什麼感受，他說，他很好奇爲什麼惡魔要生氣成這個樣子。

這時，丹尼爾說話的語氣和內容都和緩許多，表示他已經漸漸進入了「自我」狀態，也讓我確定現在請丹尼爾靠近惡魔會是安全的。所以我請丹尼爾進入那個房間，問問惡魔有沒有什麼關於自己的事情，是他想讓丹尼爾知道的。

惡魔一開始對丹尼爾很不客氣，不斷說些很難聽的話，說丹尼爾是個「懦弱」

的「娘娘腔」，竟然放任別人對他頤指氣使，又說莎拉配不上他，因爲丹尼爾的爸爸過世才一個禮拜，她就出差去工作，證明她一點也不在乎他。

惡魔大聲咒罵時，丹尼爾看起來都很平靜；漸漸的，惡魔也沒那麼緊繃了，開始對丹尼爾說他一直以來如何保護丹尼爾免於他人的言語攻擊，又如何讓丹尼爾不至於太相信別人。惡魔表示，自己行事的準則是「有這次，沒下次」，如果有人傷害了丹尼爾，他絕不會讓同樣的事發生第二次。我請丹尼爾問惡魔，他所保護的是丹尼爾的哪個部分？接著，惡魔讓丹尼爾看到了一個畫面：還是小男孩的丹尼爾正在家裡遭到父親嚴厲的責備。

丹尼爾望著那個畫面好一陣子，過程中，大部分時間都在靜靜地啜泣。我請丹尼爾問那個小男孩，現在看到的這一幕，是否就是他想讓丹尼爾知道的全部？也問他，他覺得丹尼爾有沒有完全理解他的傷心？小男孩告訴丹尼爾，過去有無數個讓他覺得自己毫無價值的場景，這不過是其中一個。我請丹尼爾走進那個畫面，把那小男孩從過去帶出來，帶來現在這個時空裡任何一個安全又舒服的地方，讓他能卸下心中覺得自己毫無價值的感受。當男孩到達了安全的地方後，便順利地把自己皮膚上的一塊焦痕剝了下來，那塊焦痕對他來說，正代表了沒有價值的感受。丹尼爾說，皮膚上少了那塊焦痕的男孩隨即變得很有精神，說他想去海邊玩。

在丹尼爾幫小男孩走出過去後，我請他回到惡魔身邊，看看惡魔對這樣的改變有什麼反應。丹尼爾說，惡魔的外表變了，現在的他是個穿著皮衣的青少年，看起來還是很不好惹，但已經比之前放鬆許多。這個融合了惡魔和青少年的部分也答應丹尼爾，如果他能好好保護小男孩，惡魔就不需要總是在丹尼爾跟莎拉爭執時出面介入，好保護小男孩。

在見證整個過程後，莎拉說她現在更能同理丹尼爾，也更了解他生氣的原因。她也說，自己並沒有意識到那次出差竟造成這樣的影響，接著便向丹尼爾道歉。之後的晤談裡，丹尼爾不再那麼浮躁易怒，晤談的重點也得以拓展到其他議題。

丹尼爾心中的被放逐者，把莎拉「在自己最需要陪伴時出差」視爲她不重視自己的證據。對丹尼爾的那些部分來說，莎拉本該負責讓他們覺得自己有人愛，而不是拋下他們，證明自己果然沒人愛。這種沒獲得尊重的感覺，點燃了被放逐者原本就因父親責備而帶來的羞愧感及生存恐懼，也讓丹尼爾心中那個年幼的男孩變得更需要愛護，更迫切地想要莎拉的愛；然而惡魔的部分卻不讓莎拉靠近小男孩，因爲惡魔認爲莎拉跟爸爸沒什麼兩樣，不願小男孩再次受傷。

二度依附創傷的惡性循環

許多來到晤談室的伴侶會為一些看似芝麻蒜皮的小事爭執不休。但隨著療程展開，我們會發現其中一方曾在兩人的關係中受到二度依附創傷，最初的創傷有時甚至發生在幾十年前。有些人會像丹尼爾一樣，在特別脆弱時覺得自己被對方拋棄了；有些人則會因為對方出軌而感覺自己遭到背叛；又或是在某次爭吵中被對方的暴力舉動或難聽的言詞嚇到。無論兩人對事件的感受或解讀如何，造成二度依附創傷的並非那些言行本身，而是那些言行是否觸發了對方心中的被放逐者，喚醒了多少他們所背負的重擔。就算在同樣的狀況下，或許有些人會因為伴侶在自己喪父後隨即出差而有些失落，但不至於造成如丹尼爾般的重傷。

然而對很多伴侶來說，吵架時的各種負面情緒與過程中各種不相關的互動，就像是一片叢林般相疊交織，迷失在其中的兩人，很難察覺到彼此二度創傷的根源。許多治療師都試圖在這片叢林中為伴侶開路，例如教導雙方溝通技巧、幫助兩人解決帶進諮商室的問題，也給他們一些能增進親密感的回家作業，卻發現他們開闢出來的那條路很快就雜草叢生，畢竟餵養這片叢林的依附創傷尚未出土。

另一方面，就算一對伴侶成功接近了依附創傷那尚未癒合的傷口，也導致巨大災難，把包括治療師在內的每個人都嚇壞。這也是爲什麼伴侶雙方都會避免觸碰到對方的傷疤，因爲從兩人過去相處的經驗來看，提及與依附創傷有關的事物時，會引發的情緒實在太恐怖了。當創傷往事被喚醒，往往會令人們非常崩潰，崩潰到讓內在的保衛者直接衝出來；但在不知情的旁人看來，就是一些非常激烈的過度反應。這時，闖禍的這一方會害怕地豎起防備，設法減輕自己先前行爲造成的影響，轉而檢討對方怎麼到現在還放不下，進一步讓受傷的伴侶更加崩潰。

就像丹尼爾，只注意到內心被放逐者脆弱的一面，卻沒發現那些部分有多生氣，多需要莎拉的道歉。所以他不斷騷擾並激怒莎拉，莎拉的回應則是「我又不是你爸，你自己應該要想辦法放下」，理所當然吵個沒完。換句話說，**二度依附創傷常會開啓一連串惡性循環，受傷的一方一次次被傷得更深，傷人的一方則覺得自己永遠得不到對方的原諒。**

尚未脫離地雷區

伴侶之間若曾發生這種越演越烈的對戰狀態，他們的關係通常會陷入以下兩種模式：第一種是不碰禁忌話題，把整件事埋起來。儘管這種做法會讓雙方對彼此都更有戒心，但至少能讓兩人繼續在一起。選擇這種模式的伴侶會一起把影響關係的議題放逐，一如各自放逐心中的某些部分。這個部分成爲兩人的地雷，彼此也都會避免觸碰，然而就像被關進內心地下室的小孩，兩人都知道小孩就關在那裡，那孩子也會設法引起他們的注意，但就算試著想化解，也似乎只是讓情況更惡化。

另一種模式則像是拔牙後，舌頭無法停止去舔空出來的那個洞，兩人就是無法把事情埋起來。受傷的一方會一再提起這個話題，每次也都是以兩敗俱傷收尾。一般來說，伴侶雙方很難繼續在一起，畢竟長期活在這種緊張裡，對彼此來說壓力都太大了。顯然，以上兩種模式都不是很理想，但由於大多數人都不知道該如何爲自己心中的被放逐者發聲，也不知道如何照顧這些部分，因此實在很難有其他選擇。

伴侶雙方若能挖出隱藏在「叢林」裡的二度依附創傷，就有機會化解兩人之間的疙瘩。一位不會被強烈情緒嚇倒的治療師，能幫助受傷的那一方好好表達，了解對方的行爲如何傷害自己，也能幫助對方以同理與關懷的態度聆聽並誠懇地道歉。經過這樣的治療，伴侶雙方都能獲得解脫，並重新建立持久的親密關係。

不過在我看來，上述的治療還不夠完整。即便受傷這一方內心的被放逐者已不再怨恨伴侶，兩人仍各背負著往事的重擔，以及與那往事有關的情緒與信念，這些都可能會成爲關係中新的導火線。這就像是一對伴侶即使在誤觸地雷後再度復合，但他們的關係仍待在同一片地雷區。

練習・感受二度依附創傷

・在你是否曾在感情關係裡受到二度依附創傷？當時你和伴侶是怎麼處理的？這個問題後來是否曾再次浮現？還是已經被埋起來了？你現在正在面對的衝突中，有哪些是與這項依附創傷有關的？

・如果順著二度依附創傷事件帶來的感受，試著尋找更早之前就已卡住的內在部分，你覺得會有多可怕？

登山口和傷痛導師

本書不只能幫助你和伴侶重修舊好，還要幫助你清理內心的地雷區。要做到這一點，你必須有意願去分辨伴侶究竟透過什麼方式傷害了你，並利用這些感受做爲指引，帶你進入攀登往事的登山口。這個「登山口」的意思是說，透過專注於自己受傷的部分，了解他卡在過去的什麼時刻，並隨著情緒的痕跡找到事件源頭，也就是依附創傷發生的時刻。藉著再次目睹事發過程，你得以療癒背負情緒的部分，並學著好好照顧這位被放逐者。後面的章節會再詳細說明步驟和做法。

現在，我們要先認知到一件事：你和伴侶眞的有機會過另一種完全不同的生活。當任何一方感覺受傷時，彼此都會先專注於自己的內在，找到心裡有話要說的部分，看看他們有沒有什麼想讓你知道的事，當下在承受什麼樣的傷心，過去又經歷了什麼樣的痛苦，並與伴侶分享自己的發現。「自己的地雷自己踩」，透過這種方式清除兩人各自帶進關係的地雷，讓關係裡的引爆點越來越少。

當你踩下自己的地雷時，伴侶就會變成很好的傷痛導師——透過觸發你的傷痛來引導你療癒。沒有傷痛導師的協助，你將難以發現內在有這麼多被放逐和需要療癒的部分。隨著你越來越能自在與伴侶分享內在感受，你也會發現對方充滿愛的接納與支持是多麼崇高。如此一來，彼此所共享的是一種既能展現脆弱，又能獲得回饋的親密感，如同兩人一同踏上共同成長、彼此療癒的旅程，你們會幫助彼此找到並拯救關在內心地下室的小孩。一旦重獲自由，這些歡喜而雀躍的內在小孩將在你和伴侶之間形成強而有力的連結，幫助你們跨越存在於親密關係中的常見煩惱與分歧。

結論

這邊總結一下前面的各項重點，好讓我們更仔細地檢視每一項論點。首先，回顧一下爲什麼持久的親密感如此遙不可及又難以捉摸。這是因爲許多人都從自己的家庭和文化裡學到，要把自己最敏感脆弱、最需要親密感的部分關進內心的地下室。這些部分因爲被我們放逐到看不見的地方，所以飢渴地想要愛。也因爲依附創傷的發生，所以被我們放逐的內在部分對於什麼樣的人能拯救自己、什麼是愛、自己值得什麼樣的關係等方面，往往抱持著較極端的信念。

我們因爲不知道怎麼和內在被放逐的部分相處，所以進入親密關係時，常希望能從對方身上獲得內在部分渴望的愛。這些被關在地下室的部分可能會讓我們選錯對象、對錯誤的關係上癮，難以分手，也讓我們就是無法被對的人吸引，也無法和對的人在一起太久。

由於被放逐者既絕望又容易受傷，而且當他們不高興時，會讓我們心生畏懼，所以內心的其他部分會透過三重心計來保護他們：一、設法改變伴侶；二、爲了取悅對方而改變自己；三、放棄改變關係，轉移自己的注意力或麻痺自己。

當我們內心的被放逐者專注在伴侶身上時，伴侶會因爲我們變得太需要關注、難纏又善妒而覺得負荷過重。一旦兩人發生爭執、心裡的保衛者介入，伴侶就會覺得自己遭到責怪卻有苦說不出。

當伴侶表現得像我們的某個內在部分時，我們會以對待這個部分的方式來對待伴侶。比方說，如果你會在傷心難過、需要陪伴時檢討自己怎能如此軟弱，當伴侶表現出自己脆弱的一面並觸發你內心的脆弱時，你就會人前人後、明嘲暗諷地批評自己的伴侶不夠堅強。如果我們認爲自己的堅決果斷是一種自私的表現，那麼每當伴侶做出明快的決定，就會讓我們覺得不自在。

解決之道

現在讓我們看看該如何解決上述這些看似無解的兩難局面。

每個人心中都有一個愛的源頭，就是「自我」。自我能把關在內心地下室裡的部分接出來，爲他們充分療傷，並讓他們相信我們會好好照顧他們。這樣一來，心裡的保衛者就能放鬆休息，不用出面搞得伴侶難堪又難過，我們也能成爲自己內在部分的主要照顧者。

當這些曾被放逐的部分重獲自由，並相信我們會保護他們後，他們就不會再對事情過度反應、不再那麼絕望，也不再那麼希望有人來保護他們。他們能讓我們選擇對的人，讓我們敞開心胸，而不像過去那樣，在關係裡表現得小心翼翼、防備心重，而且要求很多。

被放逐者一旦相信「自我」是他們的主要照顧者，伴侶就能成爲他們的次要照顧者，這能讓他們以一種前所未有的方式感受愛，感覺被自己以外的人接納。透過這樣的經驗，我們的內在部分會發現，原來親密感可以既安全又美好，自己也確實值得這樣無條件地被愛。

當我們好好地愛著自己的內在部分，內在部分也相信自我的領導時，他們便不再需要扭曲我們對伴侶的觀感，也不必奪走主導權，甚至攻擊伴侶，並能進一步體貼伴侶的需求，因爲他們已經不缺愛了，甚至多到可以向伴侶揮霍愛慕之情的程度。如此一來，困擾多數伴侶的幸福關鍵——表達自己的愛意、彼此尊重的溝通、敏銳體察對方的需求——便能自然地滿溢於充滿愛的兩人之間，在一個由雙方的「自我」所領導的內在系統裡流動。

伴侶除了可以成爲內在部分的次要照顧者，更是彌足珍貴的傷痛導師——透過觸發傷害來引導我們自療。要靠自己找出關在內心地下室的孩子非常困難，通常要在親密伴侶引發情緒的當下，我們才會發現這些孩子的存在。在這種時刻，伴侶難免會表現得像當初傷害我們的照顧者，我們也難免會出現很激烈的反應，因爲這是一種二度依附創傷。但如果我們能在情緒的引領下走進自己的內在，就會發現一個又一個被放逐的孩子正等著我們去愛。

第 3 章

勇敢之愛與無望之戀

在關係中產生的被放逐者

目前爲止我們所討論的，都是過去由我們所放逐的內在部分，並談到這些部分和心中的保衛者會如何一起影響你與伴侶的關係。現在是時候來談談另外一種被放逐的內在部分，他們既可以促成一段關係，也可以毀滅一段關係。

新一波被放逐者

作家麥克．范杜拉（Michael Ventura）在他結婚時，這麼形容自己的內在部分：「有些部分的我既感激又熱切地懷著俗話所說『至死不渝』的美好之愛結婚了；有些部分的我感覺戰戰兢兢、很緊張地在結這個婚，因爲他不確定自己有沒有這個能力和能耐面對婚姻；有些部分的我甚至對結婚這件事充滿敵意。這兩部分的我也許是『我』之中的少數，但他們確實存在，有時甚至會用我的嘴巴發聲。」

對婚姻充滿敵意的部分，通常是在我們遇到伴侶前，原本跟我們很親近的部分，但爲了和伴侶進入一段關係，於是我們決定放逐這些部分。我把這些部分稱爲「新一波被放逐者」，以和我們進入關係前就已經放逐的部分區別。

才新婚沒多久的卡洛和瑪塔，成天爲了瑪塔花錢買衣服這件事吵架。當我請卡洛聆聽自己關於這件事的心聲後，他發現，有一部分的自己討厭婚後就很少跟朋友聚會的事實。當卡洛向瑪塔坦承這件事時，瑪塔說她的確不是很喜歡卡洛跟那些朋友混，因爲每次卡洛跟他們出去都會喝太多；但除此之外，她並不是很介意卡洛偶爾和朋友碰面。對此，卡洛感到十分訝異，因爲他一直以爲瑪塔討厭他的朋友。當卡洛內心珍惜朋友的部分感覺瑪塔確實聽見自己的心聲，並願意爲這個部分挪出一些空間後，卡洛就再也沒碎念過瑪塔買衣服的事了。

在這個案例裡，這對伴侶成功了化解了誤會。事實上，瑪塔並沒有卡洛以爲的那麼在意他和朋友出去混，兩人在關係裡重新接納了卡洛因誤會而放逐的部分。不過事情不會永遠這麼簡單。

當保衛者主導了伴侶的選擇

爲什麼我們那麼想要伴侶改變（最好永遠不要表現出某部分的他們）呢？原因有很多，讓我們依時間順序（從決定和伴侶在一起的那一刻開始）來了解一下。

正如前面談到的，被我們關在內心地下室的孩子，會想要一個與造成依附創傷的照顧者相似的伴侶，好透過這個人彌補當年的創傷；或是想找個感覺很堅強、能保護自己的人。然而一旦這個人出現了某些跟理想中不太一樣的特質時，心裡的孩子就會很崩潰，讓你試圖要求伴侶把那些不符合期待的部分藏起來。

但事實上，負責決定誰能來當我們伴侶的，不是只有那些需要關愛的部分。倘若你內心的被放逐者曾在親密關係中不斷受傷，這時就會由保衛者來主導伴侶的選擇。**保衛者會選擇的伴侶是「不會觸發被放逐者情緒的人」，而不是「好像能彌補遺憾的人」**。爲了獲得安全感，你放棄激情，讓保衛者出面決定對象，和一個可能有點無聊，但也許誠懇認眞、穩定忠誠的好人在一起；也就是選擇與不會觸發內心脆弱的對象在一起，或是乾脆選個你根本沒那麼想靠近的人。

在這種情況下，一旦伴侶表現得沒有你想像中那麼安全時，保衛者就會出面懲罰伴侶；而伴侶爲了繼續跟你在一起，就會把那些試圖想更親密、更深度交流的部分藏起來，關進當初吸引你的表象底下。

在另一個由保衛者主導伴侶選擇的情境中，你之所以受對方吸引，是因爲你覺得自己軟弱無能，而對方好像既堅強又細膩。所以每當伴侶表現出不安、展現自己脆弱的一面時，你就會變得沒那麼敬重對方，還會用很幽微的方式表達出來。伴侶很快就會發現，自己較年幼的部分在這段關係裡並不受歡迎。受到社會環境對成長過程的影響，這種模式通常跟社會性別角色有關，但不一定都是。

有些伴侶會在天雷勾動地火的狀態下馬上決定要在一起，以爲彼此愛的是對方的全部，但這種狀態只會持續到其中一方/雙方內心的被放逐者受傷，或因爲某事而對伴侶感到失望爲止。一如在本書最前面所提過的，保衛者會啓動三重心計：改變伴侶、改變自己、放棄改變並疏遠對方。這三種做法都會導致你或伴侶放逐心中原本很有影響力的重要部分。

舉例來說，伴侶可能會突然開始嫌你穿著太隨便，嫌你工作太認眞，嫉妒你和朋友之間的往來。你或許會發現，當自己需要陪伴或展現出脆弱時，伴侶卻不知該怎麼應對，又或者對方不知道該怎麼承接你的怒火。你也許會因爲怕對方離開，而把自己充滿性吸引力或堅決果斷的一面藏起來，甚至放棄原本充滿熱情、想努力一番的事業。

最後，兩人爲了繼續和對方在一起，試著忽視自己的某些部分，將更多部分逐出自己的生活，像是喜歡參加聚會、打情罵俏、熱愛工作、根本不在乎自己穿什麼的部分；或是需要呵護的部分，想討論兩人關係中不平衡的部分。這些新一波的被放逐者與小時候產生的被放逐者不同，威力通常更爲強大，因爲他們並不習慣被排除在外的感覺，即便已經被逐出當下的生活，他們在你的內在家庭裡講話還是很大聲。要是這些部分在你和伴侶的生活中一直沒有生存空間的話，總有一天他們會出面毀掉這段關係。

被拋棄的焦慮所帶動的放逐力量

掌握幸福關鍵的人，威脅幸福的人

在關係裡，有許多原因會導致其中一方設法放逐對方的某些部分，例如種族、階級、成長環境、品味等，或是彼此的創傷往事。其中，最讓我們想改變對方的「罪魁禍首」，就是被拋棄的焦慮。在社會化的過程中，我們除了學會不去照顧自己心裡的被放逐者，也學會相信伴侶就是掌握我們幸福（甚至是生存）關鍵的人。因此，如果伴侶的某些部分開始威脅到這分幸福，我們就會試圖消滅（或至少想辦法馴服）這些部分。諷刺的是，這些部分往往就是伴侶當初吸引我們的地方。社會學家弗朗切斯科．阿爾貝隆尼（Francesco Alberoni）在以下所談論到的，便是這種雙面性的其中一個案例。

墜入愛河時，我們眼裡的那個人總是過著多采多姿的生活。他給了我們豐沛的生命力——前所未見、千變萬化、自由自在的生命力。那人就像是一隻令人驚豔的野生動物，擁有無與倫比的美麗，無可度量的活力，他天性狂放、不受拘束，堅強而不軟弱。我們之所以受他吸引，因他而愉悅，正是由於他擁有這些力量：既是自由自在的解放力量，也是難以預測的恐怖力量。

正因爲如此，較爲擔憂害怕的那一方，會在另一方身上加諸過多限制，要求對方做出過多小小的犧牲，只是爲了讓他變得更溫和、更安全、更無害，而他也漸漸接受了這一切。

他明明有朋友，但決定不再和他們出門；過去他經常旅遊，現在他足不出户；以前他熱愛自己的工作，現在他把工作放一邊，只爲了全心爲愛付出。他趁戀人不注意時，輕巧地把所有可能令戀人不悅的事物移除。他放棄了許多小東西——都是些沒什麼大不了的東西。他心懷喜悅地放棄，因爲這麼做會讓戀人開心，並試著變成戀人理想中的樣子。

曾經狂放的野獸，漸漸成了馴養在家的小動物。他永遠有空，永遠準備好迎接戀人，永遠充滿了感恩。他是被連根拔起的熱帶花朵，在窗邊的小花瓶裡變得奄奄一息。要求他把自己變成這樣的戀人，也只是想要安心，因爲這些新鮮的體驗令人害怕，卻讓他失去了他原本追求尋找的特質。最後，站在戀人面前的，已經不是自己當初愛上的那個人，不是那個與眾不同又活力充沛的人。出於恐懼，戀人要他把自己塞進一個模子裡，而戀人現在得面對的，則是自己的恐懼釀成的後果——他變得什麼都不是——戀人也不再愛他。

如果用內在家庭系統的概念來解讀以上這幾段文字：我有些軟弱、覺得自己很沒價值的部分，這些部分卡在心中某個荒漠般的地方。然後，我愛上了你。你是這麼獨立、充滿自信又有活力，這樣的你爲我軟弱的部分帶來了希望——逃離可怕荒漠的希望。但因爲我的這些部分如此軟弱又如此看不起自己，所以不相信自己的好運，不相信像你這樣的人會願意跟我在一起，始終害怕你會在找到更好的對象後，就把我拋棄。這些讓我愛上你的原因，同時也讓我擔心受怕。因此，我的保衛者出動了，瓦解你的自信心、牽制你的獨立性、榨乾你的活力。過不了多久，我們兩人的關係就會變成一座充滿明爭暗鬥的競技場。

關係的競技場

「暗鬥」就像是阿爾貝隆尼所描述的，你服從我施加的控制，我成功地將你所有充滿活力的部分逐出關係中。然而這些部分並不會就此消失，而是會在暗地裡（無意識地）開始打起游擊戰，試圖撕裂我們之間的連結。例如，你發現自己的性欲不知爲何減退，或是出現飲食障礙，或是沉迷於酒精，或是開始無法自拔地熱衷於工作，或是投入於照顧孩子，或是因爲自己想出軌的欲望而在心中天人交戰。

與此同時，我心中被放逐的軟弱部分也不再愛你了，因爲你變得太溫馴，不再是過去那個有機會把軟弱部分從無價值感中拯救出來的人。相反的，我把你也推進了無價值感的深淵裡，我開始嫌棄你，對你各種挑三揀四（你對我怎麼都沒有欲望？你喝太多了。你太拘謹，不夠隨性。你太被動，不夠主動）。但我依然善妒，繼續控制你的生活，小心翼翼地壓抑你那些有如「令人驚豔的野生動物」般的部分，千方百計不讓這些部分再度活躍。

要是你拒絕服從我的控制，我倆的情路將會變得非常坎坷——明白可見的那種。我們的日子將充斥「爲什麼你每次都想改變我？」的爭執，你的行爲會開始

「脫軌」——或是出現地下戀情，或是騙我說你去了別的地方，或是亂花錢，甚至當我試著確認自己在關係裡的權力時，直接開口反駁我。你像一列火車急速駛離，我則會爲了抓住你而更強化控制。我會開始緊迫盯人地查勤，疑神疑鬼地問你又跟誰出去了、去了哪裡。我變成這段關係裡的福爾摩斯，偷看你的電子郵件和手機訊息，一項一項研究你的信用卡賬單明細；只要你較晚下班回家，我就會刁鑽刻薄地向你丟出尖銳的問題。對於你的所作所爲，我壓抑著就要爆發的合理怨恨，時不時恐嚇威脅、對你下通牒。而且我恨你，恨你逼我做出這些行爲。

圍繞著新一波被放逐者所進行的攻防戰儘管有許多不同的樣貌，但都是由於其中一方或雙方內心害怕被遺棄的焦慮所導致的；而追根究底，這些焦慮其實是無價值感在作祟。作家蘿拉．吉普妮斯（Laura Kipnis）如此形容：「我們在愛情的大門前俯首稱臣，焦急地想進門，就像喜歡追逐潮流的人在會員制俱樂部門外排隊，等著走進時髦包廂，藉此肯定自己存在的價值，讓我們開始對自己有點興趣。」

光是想像自己有可能會被甩，就已經令人驚恐懼怕，畢竟「單身」在我們的文化中早就被汙名化，單身者幾乎等於沒人愛的失敗者。安妮．莫羅．林白（Anne Morrow Lindbergh）貼切地形容：「人們多不願隻身一人，多努力擺脫單身。獨身好似沒人要，好似不受歡迎。年輕時害怕成爲壁花的恐懼仍記憶猶新。一個人坐在靠背椅上，落單，很害怕。而這時，其他受歡迎的女孩早有人來邀舞，早已在舞池裡轉圈圈，緊握著舞伴溫熱的手心。」爲了避免陷入這樣的困境，很多人索性選了明知不適合的舞伴共舞，然後就這樣跳了好幾年，即便兩人都覺得自己可悲。

要是我們不再那麼焦慮

有些人爲了避免陷入以上困境，會將害怕被拋棄的部分放逐，讓保衛者來主導自己的生活，這樣他們就不會太在乎伴侶，也不會投入太多感情在關係裡。「就算分手又怎樣，反正我沒差！」一旦這樣想，便不至於把自己推向控制或偵探的角色，也比較有可能在這段關係裡占上風，因爲根據社會學的最小興趣原則（Principle of Least Interest）：在一段感情裡，越沒有心長久經營關係的一方，越有權力控制這段關係。也就是說，透過表現得比對方還不在乎這段感情，你就能不斷挑起對方害怕被甩的焦慮，讓對方乖乖聽你的話。這種做法的缺點是最後會讓自己變得麻木無感，感受不到伴侶的愛，也感覺不到自己的心，讓你總是對一切不滿——當然，這只會讓伴侶更加焦慮，也讓對方對你的工於心計懷恨在心。

一段關係裡，當兩人心裡都存在著高度敏感脆弱的部分（被關在地下室裡餓壞了的小孩），光是日常互動就可能會讓雙方對彼此祭出三重心計。因爲儘管我們可能如此期待，而且媒體都是這樣演的，但事實上，一段健康的關係，不可能是兩個人永遠處於緊密親愛的狀態。每個人都是由很多不同部分組合而成，有的部分喜歡黏人，有的則需要獨立自處的空間。對嬰兒的研究也發現，嬰兒與雙親的互動中也會出現這種時而親密，時而疏遠的模式。嬰兒會很樂在其中地與雙親玩一陣子，然後突然轉頭不理人，感覺上就像他們想休息一下，暫時不想這麼熱絡地互動。

因此我們可以說，打從剛出生起，在我們與父母這個當下最親密的關係裡，我們就已經有了這種互動模式。有些家長會把「嬰兒想休息一下」錯誤解讀爲自己遭到拒絕了。這種誤會要是多發生幾次，嬰兒就不會想再回應家長。

同樣的情況也會發生在伴侶之間。

如果伴侶在兩人親密相處一陣子之後，突然想離開你身邊去做點別的事情，卻被你詮釋成拒絕你，那麼對方不只會因爲自己被誤會而感到委屈，也會因爲你想把他心中那些需要人際距離的部分趕出關係，而對你有所埋怨。另一方面，當兩人保持距離一陣子之後，要是對方跑來親近你、想交流一下感情，卻被你當成不夠獨立、太黏伴侶的行爲，也會讓你們兩人的關係形成惡性循環，因爲伴侶覺得你並不歡迎他心中那些想要親密的部分。

練習．認識你的「新一波被放逐者」

- 為了要維繫和伴侶的關係，你放逐了自己的哪些部分？
- 你心裡害怕被拋棄的焦慮或其他重擔，是否導致你做出什麼事情，以試圖放逐伴侶的某些部分？
- 你覺得前面提到的「新一波被放逐者」如何影響你和伴侶的關係？

要是我們有其他方式能處理害怕被拋棄的焦慮就好了，就不必放逐內心的這個部分，或反過來被焦慮主導與伴侶之間的關係。如果我們知道如何意識到自己存在的價值，會發生什麼事？如果我們能眞心相信，無論伴侶做了什麼（例如甩了我們），我們都能好好的（算不上超好，但至少好好的）——不是因爲我們徹底麻痺了自己的感覺，而是因爲信任「自我」能好好帶領我們，會發生什麼事？這兩件事，正是解決人類困境最健康的方式。**當我們對自我領導有一定程度的信任時，就能讓自己掙脫感情的攻防戰**。

在自我領導的狀態下，你不會再因對方有可能離開而焦慮，也就能接納伴侶的每個部分，並鼓勵他隨心所欲地探索每個部分的自己。有了你無條件的支持，伴侶就能感覺到不受限制的自由，這是多美好又罕見的經驗。對方也能明白，在你面前，他不需要任何防備，能夠自在敞開心胸。他會知道，無論他隨著自己的心去向哪裡，無論（物理或心理的）距離有多遠，你們的自我都是相連的，並藉此展現你對他的支持。愛默生曾說：「最高尚的友誼，是沒有彼此的友誼。」最高尚的愛亦是如此──兩人未必非得總是相伴左右，因爲你能支持對方踏上自己生命的旅程，即便走上一條與你截然不同的道路。

對大多數人來說，這真的很難

在我的職業生涯中，有幾次我必須展現出這樣的無私情操，但有時非常困難。舉例來說，我督導過的許多實習生都很年輕有爲，如果他們在督導結束後願意留在我工作的機構，便能繼續協助我發展內在家庭系統這個模型，幫助我拓展自己的事業。不過有些人會因爲興趣使然或家庭因素而到其他地方去，這時我總會想，如果我開口要求的話，應該有機會說服他們留下來和我一起工作。每次遇到這種狀況，我總是很難在做決定的時候拉住心中想說服對方留下來的部分，放手讓他們追求自己的未來。雖然我不一定每次都能成功，但有做到的時候，我都爲自己感到驕傲。

這些曾讓我內心天人交戰的事，事實上並不會眞的造成多大損失。當時我也很清楚，就算沒有學生幫忙，我也能自己來，不會有什麼大問題。但如果對方是你的親密伴侶，如果對方是你內心被放逐者深深依戀的對象，甚至把對方視爲自己身心健康的根本、生存的條件，要做到全然爲對方著想、思考什麼才是對他最好的選擇，那該有多難？大多數時候，我們無法抵擋把伴侶鎖在身邊的渴望，甚至把對方的翅膀夾起來，這樣他就飛不走了；要是前面談到的三重心計都沒用，那就另外想辦法讓衝突升級。

跟蹤、羞辱、使用暴力等手段，通常都是害怕被拋棄的焦慮令我們恐懼到絕望的程度後，可能出現的脫序表現。有些人則會想辦法讓自己的身體越來越虛弱，好把對方拴在自己身邊。

也許你並不害怕伴侶會離開自己，反倒擔心自己選擇的伴侶讓其他人越來越不把你當回事：伴侶的外貌、禮節、幽默感、職業，或整體上的不夠成熟，都會讓旁人看輕與他交往的你，最後你只能和不對的人鬼混，甚至變得沒朋友。與此同時，你也會發現自己的雙親（或其中之一）開始因爲你選擇的伴侶，漸漸變得沒那麼尊重你。在這種情況下，你害怕被拋棄的焦慮並不會體現在伴侶身上，而是出現在與家長或同儕的關係上。然而這種焦慮一樣會讓你設法放逐伴侶不合宜的部分。

我並沒有鼓勵你在伴侶說想分手的時候回答：「沒問題，親愛的。如果這是你想要的，那我們就分手吧。」我也沒有說，當伴侶在朋友聚會上開了個讓大家都很尷尬的性別歧視笑話後，你應該要想「那就是他原本的樣子」，然後算了。替自己的感受發聲，向對方提出他也會認同的改變，是很重要的事；試探伴侶是否想要這樣的改變，確認他們並非被迫改變，也是很重要的事。此外，如果你能在自我領導的狀態下表達自己的請求，就能以尊重對方所有部分的態度（包括想分手或想說糟糕笑話的部分），兩人一起討論有沒有什麼方法能照顧這些部分，而不是要求對方消滅他們。

只有當你能好好照顧自己心裡擔憂被拋棄的部分，讓自己不再爲此感到焦慮，你才能眞正愛對方，以對方的成長爲優先，而非滿足自己的安全感。我把這種愛稱爲「勇敢之愛」。

賦予彼此成長的自由

在西方文化裡，這種愛很少見。因爲就算是許多心理治療或靈性成長的教導，都還是鼓勵我們放逐那些神聖的部分，而不是擁抱他們。勇敢之愛的概念，聽起來可能有點像某些心理治療所提倡的「分化」，但勇敢之愛並不意味著你會強烈感受到自己與伴侶的不同或分隔——那種粗糙的個人主義式區隔，更像是放逐自己的焦慮，並讓保衛者主導；正如這個社會教導許多男性的方式。

變得比較不那麼焦慮後，你的確不會像以前一樣，容易受到伴侶情緒的影響。在這層意義上，你會確實覺得自己變得更獨立了。然而當你對伴侶懷著勇敢之愛時，你會在另外一個層面感覺自己比以前更相似於對方，彼此的連結也比以前更緊密。你會明白十九世紀哲學家威廉．詹姆士（William James）在世紀之交時所說的：「每個片刻，每一丁點的我們，都是更寬廣自我的一小部分。」你將認識到，在自我的層面上，你和伴侶並沒有什麼不同，都是同一座神聖海洋中的一滴水，都是永恆之火所噴發的火花，都是更寬廣自我中的一部分。

正是體認到這種連結，才讓你能賦予對方成長的自由。這和父母對孩子的愛是一樣的，滿足孩子的需求，讓他們無後顧之憂地追隨心之所向，即使孩子後來愛上其他人，接納了與自己不同的觀念和價值，或是身在很遙遠的地方，這分愛也會一直與他們同在。

爲什麼對伴侶付出這樣的愛，會比對孩子困難？這僅僅是因爲社會告訴我們，要負責照顧我們內心不同部分的人是伴侶，而不是孩子。一旦我們成爲內在部分相信且依賴的對象，我們就能以勇敢之愛來愛任何人。

打開心門的勇氣

勇敢之愛，也意味著有勇氣去愛一個人——即使愛對方可能讓我們陷入難以忍受的痛苦。很多像我們這樣背負著深刻依附創傷的人，都會有個相信「太在乎一個人不會有什麼好事」的保衛者，讓我們不要愛得太深，以免失去時受傷太重。這些保衛者會千方百計阻止其他渴望關愛又脆弱的部分全然依戀我們的伴侶——不讓伴侶徹底走進我們的心。對保衛者而言，脆弱的部分越是依附伴侶，在分離終將來臨的那一刻，我們就會傷得越深。要面對失去對方的恐懼，徹底卸下防備、打開心房，需要非常大的勇氣。只有在內心所有部分都緊密地依附於你，你才會有勇氣讓這些部分去依戀自己以外的人。

如果你心裡的被放逐者相信，就算失去了伴侶，你也會照顧他們，幫助他們緩解失去的痛苦，保衛者就會把心門打開。要是保衛者不願意開門，你就無法成就自己所期待的關係，與他人建立眞正的親密。

事實上，如果你從來沒有眞正讓伴侶進入自己的內心，要展現出「看起來像是勇敢之愛」的感情，其實也沒那麼困難；畢竟沒那麼投入的話，就沒什麼好失去的。然而勇敢之愛是能在深刻投入並害怕失去一段關係的同時，又要接納他們的所有部分，全心支持對方的成長，就算成長後的他會離你越來越遠——這才是最具挑戰性的，而且沒有多少人能做到。

這裡必須澄清一件事，追求勇敢之愛並不代表否定「承諾」。相反的，**勇敢之愛讓我們深刻思考「承諾什麼」與「爲什麼承諾」的問題**。勇敢之愛意味著承諾要促進內在家庭的互相探索、療癒、成長，以及雙方自我的連結。或許你和伴侶都會同意，這樣的承諾最好能發生在一對一的封閉式關係中，因爲在彼此都能向對方敞開心胸前，要先確認自己不會被拋棄。

舉例來說，如果你有一個被放逐的部分，因爲太害怕在感情中受傷，所以會讓你在與某人太靠近時對他失去興趣，轉而尋找新的對象。若能透過自我領導投入關係，你就會發現這是個可以深入探索的「登山口」，讓你不再那麼容易像以前一樣轉身就逃。又或是你心裡的某個被放逐者承擔著被前任劈腿的傷痛，如果能以一對一的方式和伴侶相處，便能爲你創造一個較安全的空間，來療癒前任造成的傷。當然也有可能因爲其他理由，讓你和伴侶覺得一對一的關係比較適合你們，例如共同養育小孩，或爲了避免傳染性病等原因。

無論有沒有一對一的承諾，伴侶雙方都能在關係裡共同成長。只是這些承諾必須出於「自我」，而不是某個內在部分的焦慮。因爲無論這分焦慮是讓人想設法占有伴侶，還是害怕給出任何承諾，都無法成爲關係建立的基礎。

如果你確信自己所承諾的是基於勇敢之愛、由自我所領導的關係，而不是一段必須漸漸放逐生命力的過程，那麼我相信，「承諾」對你來說也會變得沒那麼可怕。榮格學派的心理分析師古根伯—克雷格（Adolf Guggenbühl-Craig）曾寫道：「我們經常觀察到，當配偶不在場時，已婚者是多麼聰慧、有趣、歡快；但是當配偶出現時，那些活力便全部消失。」

這麼說來，如果基於焦慮而許下承諾，儘管表面上以爲自己得到了安全感，但要付出的代價也未免太高了。難怪許多人在接受了這種戰戰兢兢的關係後，只要一有機會，就想立刻終結它。相反的，如果你眞的體會過以勇敢之愛爲基礎、建立在自我與自我之間的關係，你一定會滿意到不想分開。因爲在這樣的關係中，彼此所有的內在部分都能獲得接納和擁抱，也都擁有表達與互相探索的自由，不需要壓抑或消滅自己的生命力；你會在持續的鼓勵中踏進刻著依附創傷的登山口，學著療癒傷痛；無論生活中遇到什麼困難，無論內心的不同部分如何爭執，對方的自我都會一直用愛支持你；你會感覺彼此內在最神聖的部分相連，感受到精神上的「回家」——對大多數人來說，這正是我們心之嚮往，怎麼可能想要離開？

勇敢去愛，勇敢修復關係

最後，勇敢之愛可以同時存在於內外各種關係裡，包括以下所有方面：

愛自己的每個內在部分，即便為他們發聲可能會讓伴侶生氣，你還是會選擇這麼做。許多人因為怕激怒或失去伴侶，犧牲自己的內在部分。我常這樣問個案：「今天換作是你的孩子受苦，你還會默不作聲嗎？」我會鼓勵個案以對待自己孩子的方式，聆聽並尊重內在部分的需求。這裡我要再次強調，要做到這一點，你心裡那些依附於伴侶的部分必須夠信任你，深信就算伴侶離開，你也會照顧他們。

你會有勇氣傾聽伴侶的建言，就算有部分的你可能不太想聽。伴侶能幫助我們學習一段關係能教我們的事，爲我們指出探索內心的登山口。他也像一面鏡子，讓你清楚看見內在部分的行爲會對他人有什麼影響。大多數人其實都不太清楚保衛者會對他人造成多大的衝擊，因爲每當保衛者占主導地位時，我們感受到的情緒多半來自他們試圖保護的脆弱部分。這也是爲什麼我們難以接受伴侶的建議、並看到其中的價值；更何況，對方提出批評時，也經常是以保衛者的角度在說話。

當伴侶以激烈的方式表達意見時，我們很容易聽而不聞，錯過對方氣憤話語中的寶貴建議。如果能以勇敢之愛來傾聽伴侶，就能在這些話引發自己不滿的同時，聽見重要的關鍵，接著找到並療癒那些讓你表現出不滿的內在部分；而你也會有勇氣敞開心胸，好好跟對方道歉，讓關係的修復更持久。

當你和伴侶的狀況很差，兩人的內在部分都處在互相傷害的黑暗時期，勇敢之愛會讓你有勇氣不再重蹈覆轍，不再循過去的老路——透過憤怒、藥物、工作、物理距離、劈腿或幻想自己背叛對方等方式逃避；你會有勇氣不計前嫌，主動與對方和好（後面會再深入討論細節），退後一步卸下防備心，向前一步主動展現脆弱。對很多人來說，這是極其勇敢的做法。事實上，許多伴侶的爭執之所以陷入膠著，正是因爲沒有人願意先退一步。

你會有勇氣卸下所有防備，敞開自己的心，讓伴侶走進來。你可能還記得，生命中的某些時刻裡，你曾在某人身邊感覺自己可以完全做自己，坦率且眞誠地。你之所以還記得，是因爲這樣的經驗非常難得、美麗且珍貴。在那樣的互動中，對方似乎以一種不尋常的方式看見你、認識你，也觸動了你的心，這是因爲你的保衛者在當下並未擋在前方、遮蔽對方傳送過來的能量，而你也以未經過濾的愛回報對方。若能以勇敢之愛來愛伴侶，這樣美好的經驗將會更常發生，因爲你不會再有太多顧慮，也因爲就算這種全然的開放會讓你受傷，你也知道要怎麼處理。

練習・如果伴侶想分手

想像一下，伴侶真誠且坦白地告訴你，他不想和你再繼續下去了。現在，觀察一下浮現在心中的保衛者以及他想保護的部分，並感覺這些部分讓你的身體產生了什麼感受。試著讓內心其他部分先去休息，直到你對浮現出來的這些部分充滿好奇。請試著了解這些部分在害怕什麼，也感受一下這些部分有多信任你，多相信你會照顧他們。

關於「伴侶想分手」這個假設情境，如果你發現某部分的自己有鬆了一口氣或開心的感覺，試著對這些部分產生一點好奇心，並問問他們覺得分手有什麼好處。這些部分可能是你因為害怕失去伴侶而犧牲掉的部分，也就是新一波的被放逐者。想想看，有沒有什麼能繼續和伴侶在一起，也能好好照顧他們的方式。

注定失敗的關係

末日四騎士

我看過的許多伴侶並沒有表現出勇敢之愛或自我與自我的連結；相反的，他們往往被保護者支配，使自己困在乏味、可預測和幼稚的模式裡，連他們自己都很討厭這樣。他們的互動表現出心理學家約翰·高特曼所稱的**「末日四騎士」**特徵，這些特徵預示著關係的毀滅，包括了**批評**、**蔑視**、**防衛和築高牆**。

讓我們從ＩＦＳ的角度來重新檢視這四項特徵吧。前兩者是攻擊性武器，也就是對著伴侶的城堡開火。批評是一種對伴侶人格特質的抱怨，例如：「你今天沒倒垃圾。你怎麼這麼懶？」蔑視包括諷刺、人身攻擊、惡意嘲笑、翻白眼、說教等，會讓伴侶覺得你就是看他不順眼。其他類似的武器還包括更具攻擊性的恐嚇，像是威脅要分手或施加暴力。**批評和蔑視是保衛者在進行第一重心計（強迫伴侶變回熱戀時的模樣）所使用的**工具，**主要以羞愧爲基礎**。這些武器之所以如此具破壞力，是因爲它們會對伴侶釋放一項訊息：「你一文不值，而我比你更優秀。」如果你的伴侶和大多數人一樣，內在都有擔心自己沒價值、不被愛的被放逐者，那麼這項訊息等於證實了他們最深沉的恐懼：自己果然沒價值、沒人愛。

這樣的結論反過來會觸發伴侶內在被放逐者如幼童般的恐懼，害怕因爲沒人愛而永遠孤單，甚至無法生存。他們的身體會充滿由恐慌引發的生理反應，這些反應則源自童年時期遭到遺棄或拒絕、讓他們覺得自己可能無法生存的經歷（即依附創傷）。當內心的被放逐者變得如此極端時，主要負責「戰鬥、逃跑或僵住」的保護者就會自動接管控制臺，進一步加劇伴侶的生理反應，導致他們以極端方式進行攻擊或防衛。高特曼指出，當情緒氾濫、潰堤時，人們無法注意或接受對方所說的話，並處於高度敏感和衝動的狀態。在這種情況下，試圖討論問題是徒勞的，因爲對方必然會以「末日四騎士」之一做爲回應。

另外兩位「末日騎士」——防衛和築高牆——則是爲了保護你的城堡免受伴侶的砲火攻擊。防衛就像一組飛彈防禦系統，試圖在砲彈擊中之前攔截它們；築高牆則是一座麻木的穹頂，當砲彈穿越防禦系統時，用它來阻擋砲火。**防衛和冷漠通常是當保護者採取第三重心計，也就是放棄從伴侶身上獲得愛時所使用的方式。**

敏銳的讀者可能已經注意到，高特曼的「末日四騎士」只涵蓋了三重心計裡的第一重和第三重，那麼第二重策略，也就是改變自己以重新獲得伴侶的愛呢？我認爲高特曼的末日四騎士之所以沒有包括與此策略相關的行爲（如討好、卑躬屈膝或自我批評），是因爲這些行爲不一定預示著關係即將毀滅。事實上，在一方扮演弱勢者的情況下，關係還是能長期維持，但示弱的伴侶卻會付出高昂的代價，因爲他們將被內在的批評者主導，不得不放逐更多部分。

關係即將走向終點的預兆

但即使伴侶之間沒有明顯衝突，某些互動模式也可能預示著這段關係即將走向終點。比方說，當你和伴侶互動時，你的內在部分會注意伴侶如何與你相處，並追蹤任何有關的蛛絲馬跡；而你的伴侶也在做一樣的事。當你開始一段對話時，如果伴侶顯得心不在焉，甚至視而不見，你內心就會響起警報，直到對方後來表現出興趣或做出什麼體貼的事，才會讓你再次放鬆；如果伴侶長期且持續拒絕與你建立聯繫，你內心的警報就會從黃色轉爲紅色。

爲了減少內心被放逐者的不安，你也許會問伴侶到底是怎麼看待你的，沒想到卻得到防衛性的回答，或是更糟的、伴侶以輕蔑的態度回應你表現出來的不安全感，這使得你心裡的被放逐者陷入恐慌，感受到自己即將被遺棄的危險，保衛者便在此時介入，並長期占據主導地位。一旦發生這種情況，你們的關係就會出現高特曼所說「問題伴侶」的特徵：一、發生衝突時，「末日四騎士」現身；二、在日常互動中忽視或拒絕彼此想建立連結的請求；三、拒絕嘗試修復關係；四、長期以負面方式描述彼此的關係；五、凸顯伴侶過去所做過傷害性或愚蠢的事。

高特曼稱這種被保衛者綁架的心態爲「消極詮釋」（negative sentiment override）。在這種狀態下，我們永遠不會給伴侶喘息的機會；在我心裡，保衛者會對伴侶的每一項行爲做出負面解讀，即便是看似慷慨或充滿愛意的舉動也不例外：「對方之所以這樣做，是因爲他知道要是不這樣，我就會生氣。」「他只是想討好我，不然我會拒絕跟他上床。」原本只會讓你稍微感到煩惱的行爲，在被保衛者綁架後，就會變成滔天大罪，讓你全力以赴進行反擊。

保衛者甚至會進駐你的雙眼、扭曲你的感知，以至於曾如此吸引你的伴侶現在看起來完全不堪入目。保衛者還能削弱你的感官，使你對伴侶的觸碰變得麻木，讓你對親密行爲完全無感。整體來說，保衛者會讓你的心不再因伴侶而柔軟，即便沒有直接表現出「末日四騎士」的行爲，你也會顯得冷漠疏遠，並從全身散發出厭煩和不滿的能量。

因此，從ＩＦＳ的觀點來看，高特曼的觀察準確描述了當伴侶一方或雙方的保衛者覺得自己受夠了，不再允許自己敞開心扉以免受傷時所發生的情況。人們會出於各種原因到達這個臨界點。比方說，有些伴侶在進入關係時，內在就已經帶著極爲脆弱的被放逐者，以及高度警戒的保衛者，因此只要一點點刺激，就會讓內心城堡的吊橋永久升起。一般來說，這種情況是由特定事件所觸發的，並與二度依附創傷有關，導致被放逐者想起童年時期曾有的類似感受，並讓保衛者跳出來大喊：「不准再有下次了！」

至於那些內在被放逐者沒那麼脆弱的人，這種情況通常因持續性的有害互動而導致，例如長期遭受伴侶的輕蔑，並在「壓倒駱駝的最後一根稻草」出現後整個爆發。也有可能是一個與這段關係無關的事件，例如父母去世，觸發了內在的被放逐者，進而引發了一連串破壞性互動，而伴侶完全不知道如何應對你的痛苦。

又或者，這種被綁架的狀態並非因爲受到伴侶傷害，而是由新一波被放逐者所發起的「內部政變」。這些部分打從一開始就不願意進入這段關係，當你承諾並投入這段關係時，他們被迫關在內心深處的地下室，最後發動「心的越獄計畫」，接管了你的中央控制臺。多年來，這些部分或是努力在你的生活中找到立足之地，或是試圖被伴侶接受，到頭來卻放棄了，所以轉而決定對伴侶發起負面攻擊。

無論原因是什麼，一旦你（或伴侶）的保衛者長期介入你們之間，就會讓伴侶關係成爲長期噩夢，因爲他們會做出高特曼所描述的所有行爲。到頭來，你內在的被放逐者不斷感覺自己被拒絕或遺棄，你則始終處於高度戒備；而從生理上來說，當你持續處於高度警戒時，則會導致各種與壓力相關的健康問題。

練習．了解你的保衛者

．面對伴侶時，你的主要保衛者有哪些？他們偏好三重心計裡的哪些手段？

一、透過批評、蔑視、威脅要拋棄對方、暴力，或在心裡抱怨伴侶的不當行為，希望能改變伴侶。

二、透過自我批評來改變自己。

三、討好、卑躬屈膝、過度照顧或殷勤，好讓伴侶愛你。

四、透過防衛和築高牆，放棄從伴侶那裡獲得被放逐者需要的東西。

五、幻想或真的去尋找另一位伴侶。

六、透過藥物、酒精、工作、電視或網路分散注意力或麻痺自己。

．你對這些保衛者所守護的被放逐者有多了解？這些被放逐者帶有哪些情感和信念？常見的例子包括：害怕被遺棄、無價值感與羞愧感、身體上的極度虛弱與恐懼，或是覺得自己無能為力、受到壓制、必須依賴並需要他人。

・在你們的關係裡，是否曾有被保衛者徹底接管，導致你採取消極詮釋的時候？你是否曾持續拒絕與伴侶親密接觸？

內在部分對身體有很大的影響，因此幫助他們找到更直接的溝通方式非常重要。當你辨識出以上這些部分時，請留意他在你身體的哪個位置，以及對身體造成的影響，例如心率、呼吸、血壓或清晰思考的能力，還有對身體緊張程度的影響。請與每個部分談談這些生理影響，並問問他是否需要以這種方式與你溝通，或者你是否能用其他方式傾聽他的聲音。

正方、反方和未受影響者

爲了對這種動態有更深刻的理解，我們回到第2章所使用的比喻——把孩子關進地下室的家長。當他與帶著披薩及糖果的人建立關係時，地下室的孩子們感到很興奮，因爲他們終於可以得到一些食物了，然而有些覺得自己應該保護弟妹的孩子卻不信任這位「新歡」：那個人似乎不喜歡孩子們，還占據了家長的注意力。

另外還有一些部分（就像住在外面的年長孩子，或是堂表兄弟姊妹和其他親戚），他們並未受到這段新關係的直接影響，因此對新歡沒有什麼太強烈的感覺。他們對這段關係樂見其成，只要對家長和地下室的孩子們有益就行。於是，這位單親家長將從三個群體獲得對這段新關係的看法：正方、反方，以及未受影響者。

在關係剛建立的早期階段，新歡會努力取悅伴侶和地下室的孩子們，因此，反方的不滿很容易被正方的歡呼壓制，而且正方還得到了未受影響者的支持。然而，一旦新歡開始忽視或拒絕伴侶的親密請求，就會有越來越多未受影響者開始站在反方這邊。就像選舉裡的中間選民，這些未受影響者的轉變可能會改變局勢。

在轉變發生前，當伴侶忽視你的親密請求時，心中反方的怒吼會被正方及未受影響所組成的聯盟輕易淹沒。他們可能會說：「別擔心啦，他只是今天心情不好。」但在轉變發生後，當伴侶再次做出相同的舉動時，反方的聲音就會變得更大，而他們的抱怨也獲得了未受影響者的呼應，聯合起來壓倒了正方。由此可知，當內心的「中間選民」開始轉變，你對這段關係的態度可能會突然從快樂或滿足變成怨恨或無法忍受，行爲也會跟著改變，從而使你們的關係迅速惡化。

爲了改變這種由負面情緒主導的狀況，高特曼建議進行一系列認知行爲練習，分別針對關係中有問題的不同面向進行處理，以幫助伴侶學習新的相處方式並重新思考關係。雖然我相信這種方法能幫助伴侶更清楚認識到彼此之間有毒的互動，並更加專注於改變重要的行爲模式，但這些方法無法治癒彼此內在的被放逐者。當被放逐者尚未治癒時，改變模式需要持續的警戒和精力，因爲雙方都仍處於十分脆弱且容易被觸發的狀態；當內在的被放逐者獲得治癒後，保衛者自然會放鬆：哨兵會離開崗位，城牆會崩塌，炮彈會熔化；獲得釋放和鼓勵的被放逐者會想跳舞和玩耍，你的自我也將恢復領導力。在這種狀態下，你不需要學習避開末日四騎士的技巧，因爲你自然而然就會對伴侶充滿興趣和愛意，並能有效協調，在關係裡爲自己所有的內在部分找到空間。

換句話說，**改善關係不只是引入新的技能或資訊，而是治癒那些讓心靈變得冷漠和不再柔軟的傷口**。當一顆心能完全敞開並重新充滿活力時，它自然會知道如何去愛，去尊重。關鍵就在於讓伴侶雙方都能感到安全。

辨識保衛者的有毒行爲

我結合了高特曼與我自己的觀察，列出了可能會腐蝕關係的行爲和信念。我們可以透過這份清單來檢視自己的內在部分，除了能讓我們發現保衛者的有毒行爲，與伴侶互動時，彼此也可以在對話中留意這些部分的存在，並做爲與內在部分溝通的起點。

以下是保衛者常有的表現：

一、**發生衝突時：**

- 採用末日四騎士（批評、蔑視、防衛和築高牆）。
- 試圖恐嚇，包括威脅要拋棄對方或使用暴力。
- 忽視或拒絕嘗試修復關係。
- 情感上覺得不堪重負。
- 感到麻木，對伴侶失去愛意。
- 自我厭惡，出現想扭曲自己以取悅或安撫伴侶的強烈衝動。

二、**日常互動中：**

- 忽視、拒絕對方，或不願主動與對方建立連結。
- 持續缺乏性欲、愛意、對這段關係的興趣或親密的交流。
- 經常出現如暴飲暴食、外遇、購物、睡覺、憤怒、報復，或想離開伴侶等衝動。
- 認為伴侶沒有吸引力，並持續專注於伴侶的身體缺陷。

- 內心持續存在的喋喋不休，包括自我批評或害怕讓伴侶不悅。
- 過度照顧伴侶。
- 不斷遭到伴侶批評或覺得對方故意讓你出糗。
- 對伴侶強烈且持續的負面評價。
- 嫉妒和不信任。
- 想控制伴侶。
- 害怕被伴侶壓制或控制。
- 反覆思考伴侶曾給予的傷害，並預期會有更多傷害。
- 感覺自己被困住、無能為力，除非伴侶願意改變。
- 害怕被伴侶拋棄。

需要注意的是，在大多數關係裡，這些感覺、信念和行爲偶爾都會出現，就算曾經歷過這些，也不必太驚慌。重點在於，當這些經驗變得持續且漸漸占主導地位時，會讓彼此的關係面臨危機。

結論

目前爲止，我們已經討論了很多主題，在更具體朝著解決方案邁進之前，我先總結一下主要的觀點。

我們都學會了放逐承載童年依附創傷的部分，其中除了與創傷有關的部分，也包括那些威脅到我們或不適應家庭的部分。這些被放逐者對親密關係往往抱有極端信念和情感，並受到保衛者的守護。外界讓我們相信，伴侶將是那個能讓內心被放逐者感到愉快的關鍵人物。

但這些觀點裡藏了許多陷阱。首先，伴侶不僅無法永久卸下被放逐者所承載的無價值感和痛苦，而且在某些時候，伴侶也有可能傷害我們，造成二度依附創傷。其次，我們的文化增強了「我們應該依賴伴侶」的信念和力量，壓抑我們全心投入關係的能力。第三，我們常因錯誤的理由和不對的內在部分選擇伴侶。

伴侶無可避免會傷害到我們內心的被放逐者，並觸發保衛者啓動三重心計：改變伴侶、改變自己，或是乾脆放棄。由於這些心計或其他原因，我們和伴侶之間產生了新的被放逐者，他們對於自己被排除在關係之外感到不滿，並試圖破壞這段關係。在經歷了足夠的傷害後，保衛者將永久主導這段關係，使得伴侶雙方進入「消極詮釋」的狀態。彼此不再主動尋求情感連結，並拒絕任何主動的親密請求。他們的衝突以「末日四騎士」爲標誌：批評、蔑視、防衛和築高牆，使得這段關係注定走向失敗。

困境是有辦法解決的，我們將在接下來的章節討論如何實現這一點——事實上，我已經給了不少暗示：

首先，成爲內心被放逐者的主要照顧者，並讓伴侶成爲這些部分的次要照顧者。若能做到這一點，一切都會改善。然而，爲了實現這件事，雙方都需要願意將注意力從外部轉向自己的內在，並以「多重人格視角」來看待自己，取代過去的「單一人格視角」。接著，你和伴侶可以利用關係中不可避免的「觸發點」找到探索內心的登山口，幫助彼此發現內在的保衛者和被放逐者，而非進入三重心計的循環。這個過程將使彼此了解情緒被觸發時，我們的心到底發生了什麼事情——不只是最初的防衛反應，還包括哪些部分受到保護，以及他們卡在過去的什麼地方（最初的依附創傷）。

下一步是回到伴侶身邊，爲你的內在部分發聲，而不是讓內在部分替你發聲。這麼做的效果有兩個：首先，由於伴侶不會直接被你的保衛者攻擊，所以他們可以從尊重和同理的角度了解保衛者的反應；其次，伴侶對保衛者的攻擊能有更全面的了解。在理想狀態下（雖然並非總是如此），伴侶可以了解與新一波被放逐者有關的資訊，也能知道他們卡在過去的哪裡。

你可以和伴侶討論如何改善關係，例如不再以互相惹毛的方式對待彼此，或是接納新一波被放逐者——以自我對自我的狀態進行。在溝通中，彼此都能清楚表達自己期望這段關係能有怎樣的變化，即使在處理困難的議題時，依然保持連結。當雙方都感到安全、能向伴侶展現自己隱藏的部分時，你們能感受到對方的擁抱，親密感和獲得接納的感覺也會隨之增長。在這種狀態下，彼此都能自由且自發地給予並接受愛的邀請。你不需要學習溝通技巧，因爲你將自然而然地以熟練和充滿愛意的方式進行溝通，因爲你們的心靈是向彼此敞開的，也能接觸到自我的特質，特別是好奇心、關懷、清晰度、勇氣和平靜。

當然，這個過程並不總是那麼順利，保衛者有時會占據控制臺，並透過「末日四騎士」來表現。如果只出現其中兩項行爲，倒還不至於徹底傷害你們的關係。

首先，遭到攻擊的一方需要保持自我領導——換句話說，明白這種攻擊僅僅來自伴侶的某個部分。這時請先安撫自己的被放逐者，並給出「更好的反擊」（用IFS治療師莫娜．芭芭拉的話來說）。問題在於，面對伴侶內心那位行爲極端的保衛者時，仍要保持自我領導很不容易，在你尚未進行足夠的內在療癒之前，這樣的期望並不實際。

更常見的情況是，你也會以保衛者做出反應，隨之而來的則是一場「內在部分之戰」。當這種情況發生時，沒有必要驚慌，因爲在大多數情況下，任何對伴侶內心被放逐者的傷害都是可以修復的。因此，雙方都必須知道並有能力修復這種損害，包括在自己內心和彼此之間。接下來我們將探討這意味著什麼。

當這些期望都變得可能時，你和伴侶將實現我所謂的「韌性親密」（resilient intimacy）與「勇敢之愛」。你們也成爲彼此的傷痛導師，透過找出需要關愛的傷痛來幫助彼此療癒。

第 4 章

邁向自我領導

凱文．布萊迪的故事

爲了更具體地說明目前所提及的概念，我想跟各位分享凱文．布萊迪的故事。凱文的人生是美國典型的勵志故事：他是一所大學附設醫院創傷醫學部的主任，也是該校醫學院深受學生愛戴的臨床醫學教授。他既傑出又有領導魅力，在眾人面前總表現得從容不迫，不過五十出頭，就已經頻繁地在醫學期刊上發表論文，還曾發明兩項手術工具，現在已經應用於全美各大醫療院所。凱文手下的住院醫師都很怕他——他是出了名的尖酸刻薄，從不掩飾自己的不耐煩——不過在他的領導下，該院的創傷醫學部目前已是美國中西部醫界最受敬重的團隊。在外人看來，他的家庭也很完美，凱文的妻子是一名優秀的女性，擁有自己的事業，兩個孩子也都表現優異：兒子在當地頗受好評的弦樂四重奏擔任小提琴手，女兒才剛獲得一所常春藤大學的錄取。

我第一次見到凱文時，他整個人散發出鎮壓全場的氣息，他也和其他喜歡主導話題的男性一樣，當自己不確定會發生什麼事情時，反而更想掌握談話的主導權。

凱文很快就透過精準的說話節奏和鄙視他人的眼神，向我表明他才是主導這段對話的人。兩名美國男性第一次見面時，總免不了這種彼此試探的儀式，就像第一次見面的狗互聞屁股，在晤談時尤其如此。一般來說，我可以一邊參與其中，一邊享受這項儀式。但在布萊迪醫師面前，我實在太小心翼翼，不想踏出任何錯誤的一步，導致我完全無法享受這個互相試探的過程。

創傷的影響

大多數情況下，曾體會過極度無力感的人，心中才有亟欲渴望權力的保衛者。這裡我們先來談談創傷對一個人的影響。一個人必須先相信自己屬於這個世界，才有辦法全然活在當下；也就是相信自己不論在無形的更高力量下、在所處的文化中、在兒時的照顧者眼裡，我們都有一席之地，都有屬於自己的容身之處。至於不同層次的創傷，則會以不同的方式影響我們在這三個層次的歸屬感。

然而很不幸的，孩子的主要照顧者，往往會讓孩子在這三種層面上都留下心理創傷。無論是主動性傷害，例如性虐待或肢體虐待、無端暴怒、持續羞辱、要拋棄他們的威脅；或是被動性傷害，例如忽視或遺忘。活在困境裡的孩子，會覺得哪裡都很危險，因此永遠無法放鬆休息，並會放逐自己脆弱的部分，把情緒凍結在過去的時空。他們的生活變成由保衛者主導，然後不斷在心中提醒自己：「有這次，沒下次！」

孩子內在的保衛者絕對不會讓他再次展現信任、開放、天眞、玩心、自發性、有愛的一面；換言之，就是讓這些部分永無重見天日的可能。許多曾經歷創傷的個案會一直處於高度警戒，就像負責守護內心城堡的侍衛總是沒日沒夜地持續巡邏，查看環境裡有什麼危險，一旦察覺到與創傷事件類似的狀況時，就會過度反應。

「有這次，沒下次！」的心態，也會表現在對事情的控制上。曾遭遇過創傷的人，常不自覺地決定，再也不要讓自己處於無能爲力的狀態裡。對某些人來說（例如凱文．布萊迪），這種心態會讓他們不斷想辦法控制別人，也努力掌握自己的人生。這些人往往有高度社會成就，會爬到很高的位置，掌握權力並擁有特權，以確保人生安全無虞。某些人則剛好相反，他們會躲開其他人，逃離這個看似殘酷的世界，藉此掌控自己的人生。無論哪一種做法，他們的人生都不會再出什麼差錯，也不會有誰眞的有辦法靠他們夠近，近到能傷害到他們的程度。在他們眼中，比起再度受到傷害，平淡無奇的生活與孤單寂寞的感覺不過是微小的代價。

如同九一一事件改變了美國人對世界的觀感，也改變了美國掌控世界的欲望，曾受過忽視與虐待的創傷，又在成年後被那些往事突襲的人，就像承受過創傷的美國，花了過多國防預算以保護並掌控自己的小小世界。對創傷倖存者心中的保衛者來說，此刻的生活環境，仍像當初遭逢創傷般，既危險又致命。

讓凱文覺得生活既危險又致命的事件是什麼？凱文的父親是一名在南伊利諾州執業的醫師，但他和妻子在凱文七歲時離婚，後來移居到其他州，並且再婚。他沒付過半毛贍養費，也沒再見過凱文一面。凱文的母親是醫院櫃檯的接待人員，在凱文成長的過程中，她的心思全放在與一個又一個男朋友建立一段又一段不快樂的感情，有一任男友甚至會在凱文面前毆打她。身爲獨子，凱文常常感覺母親有多希望這個兒子不要出現在她面前。父親遺棄他，母親在情感上忽視他，凱文便把自己塞進書本中，高中時的成績更是出類拔萃。他暗自發誓，要爲自己打造一個沒有拒絕、沒有羞辱的生活——最後也成功做到了，凱文獲得了頂尖大學和醫學院的獎學金。他從不回頭，只往前看；即使在婚後，也從未對自己惡劣的成長環境表達過任何怨恨。表面上看來，凱文就是天生擁有強大韌性的人。

凱文對任何人都有話直說，這是他引以爲傲的特質，但也是個否認事實的專家。凱文確實很擅長罵人，不過那是因爲童年經驗迫使他不願承認自己有憤怒以外的情緒。文化人類學家歐內斯特・貝克爾（Ernest Becker）曾寫道：「若你完全洞悉自己的困境，此事將會使你發瘋。」許多像凱文這樣經歷過創傷的人都相信，要是他們完整了解自己的童年有多糟糕，他們就會發瘋——無法停止哭泣，無法工作，或是徹底「崩解」。

凱文的保衛者

在第一次和凱文晤談的過程中，我暗自揣想：「和我對談的，究竟是哪些部分的凱文？」很明顯的，其中有一個冷漠自大的控制者，正奮力支配人際關係，維持自己和他人之間的距離；有一名侍衛在巡視四周，看看有沒有任何危險；有一名信奉完美主義的工作者，讓他能獲得今天的成就；還有一個內在部分不願承認自己的人生會出任何差錯——除了太太對他非常不滿。

凱文的太太海倫，在凱文來找我晤談的兩週前，終於對他忍無可忍了。三十多年來，海倫始終忍受他的吹毛求疵、挑剔她的穿衣品味、教養孩子的方式，還有她的政治傾向、所受的教育、聰明才智與邏輯思維。海倫受夠了凱文超長的工時，受夠自己需要他的時候他卻從來不在。海倫和孩子也無從得知，凱文什麼時候又會把一肚子怒氣帶回家，所以他們爲了自己的安危，在家總得時時謹愼小心。

某次晚餐派對上，海倫正在說話，凱文卻輕蔑地打斷了她（這不知道是第幾次了），不但在眾人面前說她蠢，還趕她走，這讓海倫覺得自己眞的忍無可忍了。多年來，不管孩子帶回家的成績單上有多少個「A」，凱文卻只看得到那唯一的「B」。現在，他們最小的孩子就要高中畢業了，海倫把自己的工作改回全職，並將錢存到另外一個帳戶裡。她不打算再繼續忍受凱文惱人的這一面，如果他沒辦法改，她就要走人。總之，海倫對凱文這些部分的了解，可是比我多得多。

這惱人的一切：尖酸刻薄的評論、完美主義、戒心與防備心、過度工作、陰晴不定的脾氣……都是凱文內心保衛者的表現，而保衛者不過是在盡自己的責任罷了。他們的工作是絕不再讓凱文受傷，就算自己的行爲會傷害別人也一樣。保衛者不得不繼續保護他，直到凱文不再那麼脆弱的那一天終於到來。若我或海倫明白指出他的錯誤，不僅無濟於事，甚至還會讓情況更糟，因爲這只會讓凱文覺得我們在羞辱他，更努力提升戒備層級。所以我得想辦法避開他內心城堡的守衛耳目，才有辦法進入他的心。

堡壘的裂痕

一直以來，海倫批評凱文缺點的方法不僅沒用，還讓情況更糟；不過摺話要離開凱文的這個新招倒是很管用。李歐納．孔有首歌是這樣唱的：「萬物皆有裂痕，那是光照進來的地方。」海倫的分手威脅爲凱文的心靈堡壘敲開了一道裂痕。不過這時的我們還不知道，究竟有多少光線能穿透它。

海倫下了最後通牒後，凱文便答應來治療。但經過幾次伴侶晤談，凱文要求單獨和我進行療程。到了和我一對一晤談的時候，凱文表示他對心理治療毫無概念，對情緒之類的事也沒什麼感覺，他不明白海倫爲什麼要這麼敏感。的確，他對事情有很高的標準，而且對自己比對任何人都嚴格，這也是他成功的原因。他承認自己有時候確實有點暴躁易怒，有點愛批評人，但這都是高壓的工作環境所致。他告訴我，在住院醫師們的眼裡，自己在醫學檢查中找出致命問題的能力，可是傳說級的厲害，所以就算這項能力無法讓他交到朋友，但能讓他贏得尊敬，有時候還能拯救病人的性命。

同樣的，他表示自己不需要孩子的愛，只要他們的敬意與尊重就夠了。然後，出乎我意料之外，凱文說話的語氣突然變了。他說自己嚇壞了，沒想到海倫竟然說要離開他；要是沒有海倫，他眞的不知道自己要怎麼活下去——凱文內在的一名被放逐者找到機會，從裂痕中探出頭。

那個當下我了解到，對凱文來說，觸碰自己的脆弱，甚至是表現出脆弱的一面，是多不尋常又多令他迷惘的一件事。我很想讓凱文的那個部分知道，他在我面前很安全，我也很歡迎他的出現，不過根據我對自己保衛者的了解，我相信凱文的保衛者此刻勢必也正在監視著我的一舉一動。凱文心中的管理者想必也嚇壞了，害怕我會在某種程度上濫用凱文的自我揭露，因此應該已經在怪罪那個被放逐者，怪他怎麼可以給我這個機會——要是換成我內心的管理者，也一定會這麼想。所以我必須非常小心地回應。

當凱文向我坦承自己對海倫可能會離開他感到無比恐懼時，他堅實的內心堡壘終於露出了一道細小的裂縫，但我並沒有立刻嘗試把裂縫拉得更開一些，因爲我有更好的做法。我先是表示自己很能理解他的心情，當我的伴侶離開我時，我也非常崩潰。透過這種方式，我試著讓凱文的管理者放下戒心，接著再把這個情緒很滿的話題放一邊。我問他，來這裡跟我晤談有什麼感覺？我先向他坦承，面對男性時，我往往難以展現出自己不完美或脆弱的一面，不曉得他有沒有這種感覺。凱文先是說，會讓他害怕的事情眞的很少，後來又坦言這樣和我對談讓他不太自在。他不喜歡找別人幫忙，也對自己的獨立自主覺得很驕傲。只不過家裡的狀況眞的不太理想，他無時無刻不覺得難熬，因此覺得我也許能幫得上忙。

看來那裂痕又自然地打開了一些。

保衛者的恐懼

在接下來的六次晤談裡，我和凱文共同製作了一份越來越長的恐懼列表，上面所列的都是他害怕自我揭露的原因。他擔心自己會哭——他已經很久沒哭了，上次哭的時候還是個小男孩。他也事先警告我，說他不想嘗試那些愚蠢的另類心靈療法，寧可進行有實證依據的治療。他表示自己十分鄙視那些自認是受害者的人，成天抱怨哀嘆，把自己的問題怪罪到家庭或社會上頭，並說自己決心不要成爲這樣的人。凱文還說，他擔心如果自己把內心的傷痛告訴我，我會因此看不起他。他不太確定自己心裡有什麼東西，並表示可能都沒什麼重要的。他說自己的人生確實發生過一些事情，一些他不願回想的事情。他害怕自己會墜入黑洞。

我認眞看待凱文的恐懼，尤其是那個墜入黑洞的恐懼——這個「黑洞」通常是指被痛苦和羞愧的洪流給淹沒。我告訴凱文，我們可能會在晤談中觸碰到一些過去曾受過傷的內在部分，不過我們也有辦法在幫助他們療癒的同時，不被他們的情緒淹沒。過程中也許會讓他掉一些眼淚，但我告訴他，那會是關懷的淚水，而且也只會是一時的。這麼做能讓他卸下身上背負的痛苦，讓他不必再害怕那個黑洞。

決定權完全在凱文手上。我向他保證，絕不會強迫他，如果他決定不要，我會全然尊重他的選擇。根據我自己的經驗，我很清楚與自己的內心共事有多嚇人。

我說的都是眞的。我眞的明白。明明花了大半輩子逃離內心的痛苦，現在卻必須再次靠近，怎能讓人不拳打腳踢外加大叫哀嚎？我之所以願意這麼做，原因和凱文一樣，我整個人已經快被痛苦吞沒；也跟凱文一樣，在某件事發生後，我心中堅實的堡壘終於出現了一道裂痕，讓我無法再繼續壓抑自己的感受，放逐童年的傷痛。更何況，我還是個心理專業工作者，一名負責鼓勵別人和自己的情緒共舞的治療師。

對凱文這樣的人來說，這項內在工作可說難上加難，因爲他長年讓自己的人生行駛在一條不會喚醒任何脆弱情緒的道路上。爲了不讓自己在急診室裡失去客觀的判斷能力，他早就把自己訓練成一個即使目睹各種重大傷病，也能感覺不到任何疼痛的人。凱文認爲，自己的工作場域就像是一座戰場，所以他要求自己像軍事指揮官般一絲不苟。對他的工作和人生來說，「感覺」都是他不想擁有的東西。

過去我接受治療時曾發生這樣的事：在某個被放逐者現身後的幾次晤談裡，我很確定自己讓當時治療我的心理師內心受創。那個當下，我堅信她不再尊敬我這個人，便開始不停拷問她對我的觀感和看法。當時的我已經是個有經驗的治療師，所以我告訴她，我認爲她的治療方針有誤，並認爲她的心智不夠強韌，不足以協助我。那時的我眞是個討人厭到了極點的個案。幸好，她仍然很有耐心地對待我的保衛者，給保衛者需要的安全感與控制感。最後，她通過了保衛者的所有考驗，保衛者打開心門、後退一步，讓她陪伴我走過這趟痛苦的旅程，進入我內心被放逐者所在的世界。

我的經驗讓我非常願意給凱文更多時間，讓他慢慢思考要不要讓我陪他走這趟旅程。所以無論凱文的管理者覺得應該要有多少時間才夠，我都很樂意讓他的管理者對我進行徹底的評估與檢視，全盤了解凱文在我這裡要面對什麼狀況。畢竟保護凱文是管理者的責任，他們有權挑戰我，直到認爲我不僅不會造成更多傷害，還可能幫得上忙爲止。

走進堡壘

某次晤談中，我請凱文先放鬆自己，閉上眼睛，並將專注力放在心裡的批判性想法。接著請他向這些想法提問：要是不嚴厲地檢討自己、批評他人，他們害怕會發生什麼事？凱文第一時間的反應是「覺得這樣跟自己講話很蠢」。我說，或許這麼做看起來確實很蠢，但請他以進行一項簡單實驗的心態來試試看——一個或許能更了解自己想法和感受的方法。凱文很不情願地照做了，一臉專心認眞的樣子。

沉默了大概三十秒，他說，他聽到一個聲音說「我會受傷」。「但這很不合理，」凱文說。「爲什麼愛批評愛檢討能保護我不受傷？」我請他拿同樣的問題向內在部分提問，而他內在愛批評的部分回答，如果凱文總是在批評別人，別人就不會想靠他太近，更沒有機會近到足以傷害他；如果他不斷檢討自己，他就會努力改進，最後就能完美到沒有人能批評他。我請凱文對這個部分表示感謝，謝謝他一直保護自己。當凱文這麼做之後，他表示自己有種解放感，像是頭上有個本來很緊的頭箍鬆開了似的。

接著，我再請凱文問問這個愛批評的部分在保護誰，凱文腦中立刻就浮現了一堵高大的牆，牆上有扇又厚又重的門，然後又聽到心裡有個聲音說，他的傷痛就在牆後。這時我決定放慢腳步。因爲我們已經來到了存放傷痛的密室邊緣，所以我想先確認我們是否握有進入這整個領域的許可。我跟凱文又進行了兩次晤談，討論現在前進並觸碰這個傷痛是否安全。我們對那份列表上的每一項恐懼進行了一次更深入的探討，並討論如何應對它們。接著，我請他再次專注於內在，請教有沒有任何部分反對我們去觸碰這處傷痛。他說，他沒有聽到任何聲音。然後，我請他與那個愛批評的部分重新連線，該部分也表示他願意放行，讓我們向前邁進。確定我們要在下次晤談時回到那扇厚重大門前的當下，感覺就像我們即將進入一座深淵。

想自殺的部分

這一切當然沒那麼容易。過了一週，凱文再次前來晤談。他提到在這一個禮拜裡，自己一直很想結束生命。凱文表示，打從有記憶以來，自殺的意念就在他的腦中徘徊，不過都待在背景裡就是了，長期下來，反而讓他有種穩定且安心的感覺。只是這個想法眞的很少像現在這樣變得如此強烈，強烈到已經變成一種衝動。他說自己從來不曾付諸行動，但現在的他倒是眞的非常害怕自己會動手。我立刻從旁協助，讓他內心害怕自己會自殺的部分放心，先卸下阻止自殺衝動的責任，隨後也得到這個部分的許可，允許我們接近想自殺的那個部分。

史華茲：現在請你將注意力集中在那個想自殺的聲音上。想像那個部分現在正待在一個房間裡，而你人在房間外面。

凱　文：好，他在房間裡了。

史華茲：你現在對那個想自殺的部分有什麼感覺？

凱　文：把他關起來之後，我真的鬆了一口氣。他看起來很可怕，戴著黑色兜帽什麼的。

史華茲：現在請你讓害怕這個部分的其他部分先後退、到旁邊休息，這樣我們就能更了解這個想自殺的部分。請你讓其他的部分放心，除非他們同意，否則我們不會進入房間。

凱　文：其他部分並不希望我去了解想自殺的部分，他們只希望我能一直把他關在房間裡。

史華茲：我可以理解他們的想法。不過我們的目的是幫助想自殺的部分不再繼續扮演這個嚇人的角色，這樣其他部分就不會那麼怕他了。但要是其他部分繼續讓你害怕這個部分的話，我們就沒辦法幫助他。

凱　文：其他部分說，如果他們隨時都能出聲喊停的話，他們可以先退後旁觀。

史華茲：沒問題。你現在對想自殺的部分有什麼感覺？

凱　文：（態度冷靜）我想知道他為什麼希望我去死。

史華茲：請你從房間外面問他這個問題。

凱　文：他說因為我該死。

史華茲：請你問他，如果你不死的話，他覺得會發生什麼事？

凱　文：他說我會繼續傷人。

史華茲：所以這個部分是在保護你不傷害別人，對嗎？

凱　文：他是這麼說的。但我是醫師，我在幫助別人耶！我的天啊！

史華茲：請你先讓剛剛出面保護你的部分退後休息。再問戴著黑色兜帽的那個部分，關於傷害別人這件事，他有沒有什麼想讓你知道的？

凱　文：（一陣沉默後）我看到我在吼我媽，然後她開始哭。

史華茲：這時候的你大概幾歲？

凱　文：七歲左右吧。當時我爸剛離開我們。我怪媽媽讓他走，然後她完全崩潰，像是被我毀了。我不該說那些話，但我也很怕她會離開我。

史華茲：你對那個小男孩有什麼感覺？

凱　文：（輕聲哭著）我覺得他很可憐，難怪他會覺得寧可自己死了算了，也不要再折磨媽媽。

像凱文這樣、突然很想自殺的狀況其實很常見，一旦個案碰觸到被放逐者所在之處的邊界——腦中的畫面常是一堵牆、一處洞穴、一座深淵——保衛者就會突然將防衛升級，出現暴飲暴食、過度進行某項活動、開始拿刀自傷、對治療師或其他人暴怒大吼、非常想終止治療、搬離現在的住處，或像凱文一樣想離開這個世界的衝動。以前這些反應會讓我十分害怕，覺得個案的反應比預期中更激烈，甚至還會請他們看看是否需要服藥或入院治療。在個案的被放逐者面前，我退怯了。

現在的我已經漸漸接受會有這種狀況出現，有時甚至還會事先提醒個案。這其實是一種很自然的防衛反應，當一個人預見自己即將前往所有內在部分都恐懼至極的地方時，難免會想放手一搏，做出最後的抵抗。這同時也是治療師的終極試煉，檢驗治療師是否仍有辦法專注在當下，不要心慌。每當我能做到這一點時，危機通常就會像上述對話中那樣迎刃而解。當然，我的意思並不是說服用藥物或入院治療都是不必要的因應方式，而是要強調，遇到這種狀況時，必須考量這是否爲個案的防衛反應，不必過度緊張。

療癒被放逐者

在理解內心想自殺的部分後，凱文又回到了傷痛的厚重大門前。凱文很幸運，他來找我治療時，我已學會了如何幫助個案安全地療癒內心的被放逐者。過去的經驗讓我發現，這些內在部分的防衛反應有時非常強烈，因此自己必須更小心地找出一個既能幫助個案靠近內在被放逐者，又不會讓自己被這個部分反噬的方法（這是內心管理者最害怕的情況）。結果我發現，解決方法簡單到你根本想不到可以這麼做：請個案直接告訴被放逐者，當我們接近他時，請他不要讓自己的情緒淹沒個案的整個內在系統。

內在部分可以決定自己的感受要和整個人混合到什麼程度。而我們心中的被放逐者就像是監獄裡的囚犯，一旦囚禁他們的堡壘出現裂縫，就會起而反抗。他們不認為自己有其他辦法能獲得幫助，所以只要這些內在部分能相信我們是來幫忙的，他們就不需要讓情緒潰堤，不會讓自己和整個人混合，還會允許別人靠得很近。這麼一來，個案就能在感受被放逐者情緒的同時，也讓情緒維持在一定的強度之內，不至於對內在系統造成損傷。

在我終於想出這個辦法後，個案得以接近內在部分，好好待在他們身邊，還能待得夠久，久到這個部分開始相信個案確實在乎自己。有些時候，要獲得內在部分的信任需要很長一段時間，所以我會透過好幾次晤談，跟個案一起慢慢地安撫某個內在部分。

蜷縮著顫抖的小男孩

我請站在門外的凱文問問傷痛的部分，願不願意在凱文打開門、走進去、靠近他時，不要讓自己的情緒潰堤，淹沒凱文整個人？凱文表示，他聽到一個微弱的聲音說「好」。凱文跨過那扇門，看見離自己約三公尺處的地方，有個七歲的小男孩正蜷縮在那裡不住發抖。凱文第一時間的反應是對這個軟弱的男孩感到極度嫌惡，不過我請凱文先找出感到嫌惡的那個部分，並請他後退，去一旁休息。隨後，凱文馬上就開始就替男孩感到難過，即便他並不知道是什麼在困擾這孩子。

我請凱文試著告訴男孩，他很替男孩感到難過，也很在乎他的感受。在哄了小男孩一陣子以後，凱文成功讓男孩坐起來，甚至願意讓凱文環抱他的肩膀。這位貌似冷淡又強硬的男性，似乎很清楚怎麼安撫孩子，這一點令我印象十分深刻。在晤談的尾聲，小男孩開始相信凱文眞的在乎他，但他也要求凱文每天都來這裡陪他一下。這項要求激起了某些保衛者的反彈，認爲要是每天都來，會把凱文所有的時間跟精力都浪費光，搞得他什麼事情都做不成。幸好，保衛者最後還是不情願地同意了，答應讓凱文先試個一週看看。

下次見面時，我很訝異凱文竟然遵守了諾言，每天早上都花五分鐘陪他，每天也都會偶爾想起男孩。對此，小男孩在開心之餘，似乎也有些驚訝。關於答應要陪伴被放逐者這件事，很多個案第一次進行時都會忘記（或者更精確地說，保衛者會讓他們忘記）有這回事，內在部分便又覺得自己被拋棄了。凱文說，他最近做了一些很奇怪的夢，但他不太記得內容，也很常想要一個人靜靜。我告訴他，在治療進行的過程中，這是很正常的現象。

我問凱文，他是否已準備好看看男孩必須讓他看見的過去。他說他準備好了，於是我請凱文要求男孩讓他看見那段過往。凱文馬上在腦海中看見七歲的自己正在自家後院，蜷縮在一只裝冰箱的紙箱裡，不住顫抖。父母正在吵架。他聽見他們的聲音穿過窗戶，迴盪在空中。凱文本來在屋子裡看著他們吵架，但父母無視他的畏懼，繼續在他面前吵，直到父親出手打了母親，然後母親大吼說要離開他，凱文才逃到後院，躲在紙箱裡發抖。過了好幾個小時，爸媽終於發現他躲在裡面。在凱文充斥著無數背叛與忽視的恐怖童年裡，這不過是他曾目睹的其中一幕罷了。

看著這些畫面，凱文有時會聳聳肩，說著「所以當時的我受傷了——那又怎樣？每個人都會受傷，很多人遇到的狀況比我可怕多了」之類的話，有時則會向我解釋當時的狀況，比方爲什麼父母當時沒辦法做得更好，有點像是在替他們道歉。這時，我會請他找出正在說這些話、打斷我們觀看痛苦往事的部分，並請他們先到另一個「房間」休息，我們待會再去找他們，了解他們的想法。

不再被其他部分干擾後，我們得以更順利地觀看往事。在那次爭吵後沒多久，凱文的父親便離開了家，再也沒有回頭看過他們一眼；凱文的母親則經歷了一段又一段感情。小時候，凱文常覺得母親很不想看到他，意識到這件事，再加上被父親拋棄所引起的無價值感，凱文得出了一個深信不已的結論：如果太依賴某人或與某個人靠得太近，自己就會遭到拒絕或拋棄。同時，凱文內在愛批評的部分也誓言：「有這次，沒下次！」並敦促他取得學業成就。凱文很快就發現，只要埋頭在課業中，就能忘掉一切；而優異的學業成績還能幫他獲得一些掌握人生的力量。

凱文所看到的這些過去，都不是他壓抑或遺忘的事，而是一直以來都放在心上、只是保持距離以策安全的事件。他覺得自己彷彿在看一些情緒張力很大、細節很豐富的電影。有時他會覺得電影裡的主角眞可憐，爲他流下一些眞情的淚水。每看完一段，他都會擁抱一下劇中那個年幼的男孩，謝謝他願意讓凱文知道當時發生了什麼事。

接著，他會問男孩，這些事件所引發的感受或信念是由身體的哪個部分在承擔？七歲的男孩告訴凱文，他肚子裡有一顆熊熊燃燒的火球，凱文便幫他把那顆球從肚子裡拿出來，並朝著（腦中的）地平線以外某個遙遠的療癒之地丟過去。過不了多久，這顆球便以藍寶石的姿態佩掛在男孩胸前。後來，凱文幫自己心裡每個迷失方向的男孩找到了安全又舒適的地方，讓他們待在那裡。他幫其中一個男孩選了充滿陽光的房間，房外還有座花園，花園裡有很多可以攀爬的樹。凱文保證自己以後會好好照顧他們，就算外在世界又發生了什麼讓他們傷心的事，他也會好好安慰他們，不會再把他們關起來。

幫助內在部分卸下重擔

在ＩＦＳ裡，**協助內在部分辨認出自己所背負的極端情緒與信念，並幫他們放下那些感受和想法的過程稱爲「卸下重擔」**（unburdening）。爲一個內在部分卸下重擔，就是療癒了這個部分，因爲如此一來，他們就能恢復到原本珍貴的狀態，如同解開了身上的詛咒。被放逐者（比如凱文心中那些迷失方向的男孩）一旦卸下了重擔，就不會再那麼脆弱，負責保護他們的保衛者也會降低防備，去做其他的事。

隨著內在部分一個個卸下重擔，凱文心中曾經刻薄愛批評的部分也不再那麼緊繃，漸漸扮演起內在部分的「職涯顧問」。這個部分對品質依然斤斤計較，但不再批評自己或別人不完美的地方，反而會鼓勵凱文繼續努力。凱文也發現，長久以來困擾自己的頭痛不藥而癒，就像愛批評的部分綁在他頭上的束縛消失了一樣。

當被放逐者卸下了重擔，並轉換成新的面貌後，本來防衛心很重的管理者，就能放鬆自己的心情，讓我們變得不再那麼脆弱、容易受傷。進行這項卸除作業前，凱文凡是聽到任何人的批評（尤其是海倫），除了因此感到不悅，那些評論還會在心中那個善於自我檢討的部分加油添醋下，變成一顆深水炸彈，投入他心底積累已久的黑暗之海，引爆羞愧與侮辱。當下輕微的痛苦則因爲與內在部分背負的傷痛往事——也就是依附創傷——呼應而被放大。

讓內心的黑暗之海「洩洪」後，日常生活中的批評指教不再對凱文造成多大的影響，包括海倫威脅要離開他的話在內。這些聲音不再像過去那樣，引起生理上的焦慮反應，像是顫抖和噁心，因爲這些聲音無法再將他拖進父親離家時的回憶。此外，凱文心裡年幼的內在部分也都很清楚，就算海倫眞的離開了，凱文也會好好地照顧他們。凱文已經成爲自己內在部分的主要照顧者。

凱文說，他覺得內心平靜了許多，也總算不再一直要求自己凡事都要贏別人。凱文開始用不同的眼光來看待母親——她是位從不相信自己値得愛，所以無法感受到愛的女性——也不再總是對母親有滿腔怒火。這股憤怒打從凱文進入青春期以來，就一直瀰漫在他們母子之間。他說，成年後的他一直試圖忘卻過去，但矛盾的是，得先靠近過去，才有辦法放下。這的確是滿矛盾的，更是很多人不願意相信的事。凱文終於完整地看見他該完成的功課，讓他能更活在當下——讓更多內在部分不要卡在過去、害怕未來，而是在當下相伴著彼此。

海倫的功課

目前爲止，我都把重點放在凱文身上，這是因爲我在這段期間和凱文進行過多次晤談，也因爲他的情況很具體地展現出，一個人要如何重新與心中的被放逐者建立連結。對於要成功修復一段關係來說，這也是必要的功課。

我跟海倫也曾單獨晤談過幾次，並幫助她順著凱文對她的輕視、在他們之間拉開的距離、丈夫對工作的狂熱等情緒登山口進入自己的內心。一如各位所想像的，海倫在心裡找到了幾個被放逐的小女孩，迫切地渴望得到冷漠父親的關愛，也找到了負責保護這些脆弱部分的氣憤保衛者，還有過去主導她人生許久、擅長照顧別人的部分——但這個部分目前已被那憤怒的部分趕到一邊去。當海倫內心地下室裡的小孩開始相信她會照顧他們之後，保衛者的怒氣便平息了許多，也願意退後一點，讓「自我」能更常領導她和凱文之間的互動。

我並沒有說海倫突然變得願意接納凱文的一切，對他呵護備至，她所表現的是自我的其他特質，如清晰的思路、勇氣與自信。在治療初期，我和兩人分別進行了多次一對一晤談，偶爾夾雜幾場零星的伴侶晤談。我在這些伴侶晤談中觀察到，海倫越來越能用冷靜且充滿說服力的方式來表達自己的意志，不再任由自己被凱文的保衛者擺布。無論在晤談中或是在家裡，海倫都能立場堅定，卻不語帶輕視；能清晰表達，同時又懷有善意。

儘管海倫憤怒的部分曾嚇壞凱文，但經過晤談後，她所展現出的韌性反而讓凱文更擔心失去她。這分擔憂也讓凱文更有動力繼續與自己的內在部分互動，即便跟我進行晤談仍是他最不想做的事。另外，也因爲凱文不再那麼常被海倫的怒火轟炸，使得他的保衛者更願意退後，讓我們專心討論凱文自己的議題，而不是控訴海倫又對他做了什麼，她應該要怎麼改變等話題。

伴侶晤談的時機很重要

當凱文和海倫都較能進入自我領導後，我們的治療便反過來，開始進行較多伴侶晤談，中間夾雜零星的一對一晤談。在治療初期，如果一對伴侶彼此反目、兩人的情緒都很極端（就像凱文與海倫），以至於一看到對方就難以控制自己的內在部分，我會先進行個別治療，再慢慢讓伴侶與我一起晤談。這麼做的原因是，在晤談中讓兩人互相惹毛，不但無益於治療，還會讓彼此心中的被放逐者更受傷，也讓雙方的保衛者更激進，最終對關係造成更多傷害。

不過也有些伴侶儘管吵到針鋒相對、劍拔弩張，仍不需要進行個別晤談。這是因為雖然兩人的情緒都很激昂，但內在部分夠相信他們，所以願意後退，讓雙方能進行自我與自我的互動。在這種情況下，兩人在彼此面前多半還是能感到安心、願意表現出自己脆弱的一面，因此不需要分別進行治療。另外有些時候，雖然是請兩人一起晤談，但我只會專心跟伴侶之一進行，就像我和凱文對談那樣，另一人則在一旁觀看整個過程。這種方式對雙方都能帶來很深刻的影響。

當我們向伴侶展現出自己羞於表露的內在部分後，兩人間的親密感便會深化；如果旁觀的一方能在這個過程中持續處於自我領導的話，更是如此。當旁觀的一方願意接納伴侶，以愛來回報對方，坦白表露的那一方將大大鬆一口氣，並感到極度喜悅：如果對方連這種自己都覺得很羞恥的事情都願意接納，我們當然會對伴侶心懷感謝。而旁觀的一方也更能同理伴侶，更深刻地感受到自己對伴侶來說很特別，因爲對方願意讓自己踏進他心中的密室。

先前對彼此隱藏起來的部分（尤其是令人覺得羞愧或以爲會被對方輕視的部分），如果能被帶進兩人的自我與愛的流動，就能讓伴侶雙方覺得兩人的連結變得更緊密。以凱文發現七歲的自己躲在紙箱裡的那次晤談爲例，一般來說，如果海倫剛好目睹整個過程的話，應該會深受感動，並對丈夫難親近、愛批評，以及各種令她困擾的習性有新的詮釋。要是她能告訴凱文，自己不但能同理那名男孩，更明白他爲什麼會變成今天這個樣子，想必會讓凱文感受到前所未有的愛與關注。

有機會協助無數伴侶走過這段路是我的榮幸，也每每令我流下感動的淚水。親密關係和其他珍貴的事物一樣，都很嬌貴易碎，必須投入許多心力來照顧、愛護，才能維繫關係的融洽。在療程前期，海倫幾乎無法在維持自我領導的狀態下，旁觀我和凱文的對談；要是海倫在場，凱文也絕不可能讓自己展現出脆弱的一面。因爲不久之前，海倫的保衛者才總算推翻照顧人的部分、拿下了主導權，而保衛者也沒有打算讓海倫對凱文敞開心胸，除非他有什麼顯著的改變。凱文的保衛者則非常害怕海倫，根本不可能在海倫面前放下防備。無論是在家裡還是晤談中，萬一凱文脆弱的部分在絕望下忍不住發聲，而海倫又以冷淡挑剔的部分回應，那個七歲的男孩一定會崩潰；凱文的保衛者便會現身大肆批判，怪他怎麼可以對她敞開自己的心，並誓言「有這次，沒下次」。

因此，關於鼓勵伴侶雙方對彼此展現脆弱的時機選擇，可說是非常重要。我曾在伴侶雙方都還沒準備好時，就鼓勵兩人對彼此展現脆弱，結果導致雙方產生強烈挫敗和強勁反彈，才從慘痛的經驗中學會了這一點。因此，如果我無法確定兩人都能以自我領導的狀態來旁觀對方晤談，就會採取相對保守的策略，等到雙方都能好好照顧自己的內在部分後，才會要求他們旁觀另一方跟我的對談。

當凱文和海倫兩人的狀態都達到了要求，而且就算有內在部分在晤談中搶走主導權，我也有把握讓他們回到自我領導時，便開始增加伴侶晤談的頻率。在伴侶晤談中，一開始討論的是兩人正在面對的議題：分手、孩子、錢。我會請他們讓我扮演「內在部分糾察隊」，一旦發現誰的主導權被內在部分奪走，就會先請他暫停當下的言行，並引導兩人分別專注於內在那個被激起情緒的保衛者身上。

成爲情緒風暴中平靜的「颱風眼」

當你正和引起你強烈情緒的人對話時，通常不太會有餘裕沿著這個情緒的登山口進入內心，尋找並療癒被放逐的部分。因爲就算你已滿腔怒火，胸口像是壓著大石般喘不過氣，感覺腦子裡有什麼東西爆炸了，還是得應付眼前這個人。就算想朝著對方臉上揮拳、即刻奪門而出的衝動已經到達爆發的臨界點，你還是得保持冷靜。即便自己的膝蓋已經挺不直，雙手不斷流汗顫抖，你還是得裝出一副很有自信的模樣。雖然慌亂與氣憤的吼叫不斷在腦中交錯，或是覺得腦袋卡住轉不動，你仍得設法思考，清晰地表達自己的想法。你明白，在這時敞開內心、傾聽對方有多重要，然而你只能聽見自己的內在部分不斷抱怨，說自己有多受傷，多火大。

這種情況下，若能順利假裝一切都在掌控之中，成功壓抑內在偏激的衝動，多數人都會覺得「好險」，慶幸自己沒有說出或做出什麼將來一定會後悔的事。不過，有沒有可能不必靠假裝，而是眞的有辦法在這種強烈的情緒風暴中依然保持自信的氣勢、冷靜的態度、清晰的思維、關懷的心思？

這種狀態對大多數人來說都很陌生。因爲這個社會告訴我們，一個人只有一種性格面向：「不是在生氣，就是很冷靜。你怎麼可能同時既生氣又冷靜？」一旦你漸漸認識了自己的內在部分和自我，你就會明白，人確實有可能進入這樣的狀態。你的「自我」將成爲在情緒風暴裡的「颱風眼」——無論是自己內在部分的強烈情緒所捲起的龍捲風，或是外界的他人所引發的颶風皆然。

要達到這個境界，你需要反其道而行。人們通常會先感覺到自己想開口飆罵對方的衝動，再出於愧疚（生氣是很不好的事）設法壓抑（我這麼做會毀了他），或是否認情緒的存在（明明沒什麼大不了的事），再試圖控制這股衝動。但是當你眞的這麼做時，你心裡生氣的部分會覺得自己的感受不被重視，保衛者則必須承擔過多控制場面的責任。這時，如果你能馬上把注意力聚焦在自己的衝動，以關懷與自信的態度，對內心這股衝動說出類似這樣的話：「我知道這件事讓你非常不高興，不過沒問題，這個狀況我能處理。現在先讓我替你發聲，之後我們再來討論要怎麼調適。」

安撫內在部分通常可以避免這個部分徹底與你混合，讓（處於自我領導中的）你即使在某些部分仍有點怒火中燒的情況下，依然能全心陪著伴侶。你可以等到獨自一人時，再與那個部分對話，了解內在部分的所有顧慮，並設法做些什麼，好幫助這個部分卸下情緒的重擔。在會引發自己強烈情緒的人面前，之所以維持自我領導的目的，並不是爲了使對方改變（雖然很多時候，你的自我會帶出對方的自我，因而促成了讓對方改變的附加效果），而是爲了向你的內在部分證明，他們可以相信你的領導能帶來內在家庭的共同成長。

替內在發聲，而不是任其主導發言

內在部分的情緒高漲時，練習替他們發聲，而不是任由他們主導發言，是自我領導裡很重要的一個面向。別人聽你說話時，他們會接收到兩種層次的訊息：訊息的內容（說了些什麼），以及訊息裡的情緒能量。保衛者不高興時，要是對別人說了什麼很直接的話，免不了會激起對方內在部分的情緒；但如果你能傾聽保衛者的話語，再由「自我」替他們發聲的話，就算使用相同的詞彙，也能讓對方接收到截然不同的訊息。因爲你說出口的話不再帶有尖銳的批評，也少了讓人難受的壓迫和焦躁，對方反而會聽見你對他的敬重和關懷，感受到你對他坦承的勇氣。

天主教神學家牟敦（Thomas Merton）曾翻譯莊子說過的「空船」故事（原典出於《莊子．外篇．山木》），可以呼應這個道理。

> 一個乘舟渡河的人，若遇到一艘空船漂來，撞到自己的船，就算是脾氣再暴躁的人，也不會因此生氣。但如果那船上有人，他便會對著船上的人喊聲，要他把船撐開，以免相撞。
>
> 喊第一遍時，若對方沒聽到，他會一次又一次地喊，直到喊叫變成叫罵。一切只是因爲那艘船裡有人。如果船是空的，他既不會大喊，也不會生氣。人若能讓自己如空船般，便能在這個世界悠遊，無人能反，無人能傷。完美之人，是爲空船之人。

因此，若你能讓內在部分放鬆心情、相信你會替他們發聲，你就會變成一艘空船，就算撞到別人，也不會讓人覺得你有意貶低對方、打擊對方、逼迫對方服從、與對方較勁，也不會引起對方的防備。你的船不再載滿自我中心的思維，但也不只是一艘空蕩蕩的船，而是一艘裝滿了自我能量的空船。自我的能量能安撫內在部分——無論是自己的或是他人的，只要觸碰到自我，都能獲得安慰。

當你的內在部分相信你會爲他們發聲時，他們就不再那麼容易受情緒驅使，搶走主導權好怒罵別人。因爲他們眞正想要的，是希望你能知道他們的想法，並讓他人明白自己的立場。內在部分就像一個個不知該如何好好誠實說出自己想法的人，他們不需要什麼很誇張的發洩方式，只要表達與獲得肯認。

由自我來領導與伴侶的互動

衝突時的互動方針

練習讓自己成爲情緒風暴的「颱風眼」，練習讓自己變成一艘空船，練習替內在部分發聲……將這些練習綜合起來，可以變成一套與伴侶發生衝突時的互動方針。當你和伴侶吵架時，雙方都可以採取以下步驟：

一、暫停當下的言行。
二、專注在自己的內在，找出是哪些部分被勾起了情緒。
三、請這些部分先休息，讓你來替他們發聲。
四、告訴伴侶你在自己心中發現了什麼（也就是替內在部分發聲）。
五、接著敞開心胸，處在自我領導中，傾聽伴侶的話。

在對戰的當下，伴侶雙方若能試著專注於自己的內在，也就是進行前面所說的第二個步驟，多半只聽得到保衛者的聲音。等到保衛者感覺安心一些，願意後退一小步，讓你展現脆弱，就能得到很大的回報。但要讓保衛者願意後退，你得在內心待得夠久，仔細聆聽被放逐者的心聲，也就是保衛者在保護的那個部分，並讓伴侶了解這個被你關在內心地下室的小孩。大多數情況下，當其中一方有勇氣向對方坦承，是什麼樣的脆弱讓自己表現得如此防衛時，兩人之間的氣氛便會瞬間軟化，雙方會轉向自我對自我的溝通。

然而有時候，保衛者不會讓你看見被放逐者；有時就算你看見了被放逐者，保衛者也不夠信任你的伴侶，不放心讓他知道脆弱部分的存在。更何況，有些時候還眞的沒辦法放心，要是伴侶的某些內在部分會不假思索地輕視你所展現的脆弱，甚至在將來的爭吵中拿來當成把柄攻擊你的話，就眞的不適合告訴伴侶。若伴侶眞的處在這種狀態，我會選擇先跟兩人分開進行晤談，以免雙方出現這種在彼此傷口灑鹽的情況。

「你看吧！我早就告訴你了！」

大概在治療開始一個月後，海倫要求凱文搬出去，而他也眞的找到一間公寓搬進去。現在，凱文表示他想搬回家。他說他已經進行了幾個月的治療，過程確實很辛苦，但也很有幫助，只是他眞的很寂寞。凱文以一種反常的溫柔口吻告訴海倫，他很想念她，聽起來很眞心。只是海倫還沒準備好。她說，在對待伴侶的方式上，她的確看到了凱文的改變，但她不相信他能長期維持。他有在努力，然而海倫很擔心凱文一旦搬回家，馬上就會故態復萌。

這時，兩人談論事情的態度和治療剛開始時完全不一樣。他們細心且敏銳地處理這個極度棘手的議題。看著這兩個人，我得他們像是各自從內心的堡壘中探出頭來，戰戰兢兢地試探彼此，過程令我十分感動。然而（或許也難以避免吧），令人擔心的事情終究發生了：凱文心中的控制者似乎無法再平心靜氣，突然占據了他整個人，搶走了主導權。

當時，海倫重複說了好幾次，自己喜歡這個新版本的凱文，凱文說話的語氣就突然變了。海倫對那個語氣再熟悉不過了，對於已和他進行好一陣子治療的我來說，亦是如此。凱文生氣地說，他認爲海倫就是喜歡這樣折磨他：讓他回不了家是她復仇的方式。海倫看起來像是肚子重重挨了一拳的樣子。我強硬地要求凱文別再說話，請他們雙方都專注於自己的內在，找出當下浮現出來的內在部分。

一對伴侶經歷了多年的煎熬和冷漠，現在要在治療師的協助下，讓雙方稍稍對彼此敞開心房，確實有一定的風險存在。原本各自躲在內心堡壘中「隔空對話」的日子雖然不太好過，但比起打開城門、承受對方的攻擊，受傷的程度完全無法相提並論。放下防備之後，原本被保護得很好的部分，這下子完全攤在陽光底下，他們對外面的世界十分生疏，但也充滿了希望。伴侶傷人的話原本會被城牆反彈，現在卻會不偏不倚地擊中你所展現的脆弱。

所以有別於很多伴侶治療師，我會選擇不一樣的做法：確信兩人都不會被對方的保衛者擊潰後，我才會鼓勵他們對彼此坦白。這也是爲什麼在治療初期，我主要採取分別晤談的做法，同時也請他們不要試圖在治療期間向對方尋求親密感。等到我認爲兩人都有能力療癒自己心裡的傷，也有辦法將自己調整回自我領導的狀態時，才會鼓勵雙方放下戒備；畢竟我們很難避免互相傷害的發生。

凱文和海倫都閉上眼睛。我請他們先待在自己心裡，直到他們找出剛剛被觸發的那些保衛者，還有保衛者設法保護的內在部分；在他們能替內在部分發聲前，也不要睜開眼睛、回到現場。凱文大概在幾分鐘後便睜開了眼睛，但海倫靜靜地在內心世界待了將近十分鐘，與此同時，我和凱文就在一旁等候。

凱文說，他在心裡找到了剛剛挾持並控制他的部分。他向海倫道歉，對於自己被這個部分占據感到抱歉。他說，自己也找到了控制者在保護的部分，那是一個寂寞的嬰兒，是他從沒見過的部分。控制者說，那孩子無法再這樣一個人度過漫長的週末了，因爲從來沒有機會跟外界接觸，所以變得很絕望。嬰兒覺得自己越來越沒有存在的價值，心慌得以爲自己就要死掉了。明明凱文已經用很敬重的語氣，滿懷愛意地向海倫表示想回家的請求，但海倫還是不願意退讓，於是控制者認爲自己別無他法，需要出面、使用以前都管用的老辦法，也就是讓海倫心生愧疚，因爲控制者眞的不知道，自己有沒有能力再撐過另一個空虛的週末。

海倫表示很感謝凱文願意道歉，確實，她經常能感覺到凱文內在的那個嬰兒部分。她說，當自己專注於內在時，馬上就被憤怒的部分轟炸：「你看吧，我早就告訴你了，他根本沒變！還是在欺負人！你眞的不應該對他敞開心房，不可以再讓這種事情發生！」海倫說她花了一點時間，才讓這個部分冷靜下來，然後她才有辦法接近憤怒部分所保護的一個小女孩——那個被凱文的暴怒擊潰的年幼部分。海倫說，她第一眼看到那小女孩時，小女孩整個人僵住不動，像是被嚇壞了；不過後來她順利地將小女孩緊抱在懷裡，並提醒她：無論凱文做了什麼，海倫都會好好照顧她——這是我和海倫單獨進行晤談時，她們之間的約定。海倫已經成爲她心中被放逐者的主要照顧者。當憤怒的部分看到海倫眞的能安撫那個小女孩後，便願意放下戒備，讓海倫回到現場，替他向凱文發聲。

不要馬上期待保衛者改變

凱文說，他從來不知道自己的控制者會對海倫造成這樣的影響，因爲一直以來，他只看得見海倫的憤怒。這是伴侶吵架時常見的問題。吵架的時候，雙方都是用自己的保衛者進行攻防，所以從來沒有機會（也沒有辦法）看到保衛者在戰場外造成了多少傷害。就像一旦我們看到戰爭所造成的實際後果，要支持一場戰爭就會變得困難許多——無論是國與國之間的戰爭，還是人與人之間的爭執。這也是爲什麼，當伴侶雙方向彼此展現內心的被放逐者，而不只是揭露自己的保衛者時，往往立刻就能軟化兩人之間的緊張氣氛。光是得到這項資訊，就足以讓凱文內在的國防部門失去大量的影響力。凱文隨後告訴海倫，他會**好好陪伴自己內在的嬰兒、和他相處，以平息控制者的情緒**。

這是一句很重要的話。因爲在這種情況下，傷人的一方通常會向對方保證，自己不會再讓傷人的部分出鬧。但如果凱文無法療癒內在的嬰兒，要阻止控制者再出來欺負海倫是不太可能的；無論他心裡再怎麼清楚，這樣的言行會對海倫造成多大的傷害。假如凱文眞的向海倫保證，自己不會再讓傷人的部分出現，卻又違背了諾言，反而會讓海倫更覺得他是個騙子，心想：「他明知道這麼做會傷我很深，卻還明知故犯。」

在療癒被放逐者、讓他們不再那麼需要保護前，我們不會期待負責保護的保衛者做出任何改變——這是內在家庭系統的特色之一。理解這一點，能讓伴侶避免陷入「期待對方能好好控制自己的保衛者，卻一再因對方毀約而失望」的困境。

我告訴海倫，在凱文完成自己的功課前，不要期待凱文的控制者會完全消失在她的生活裡。她則回應，現在的她懂得安慰自己的內在部分，也不再那麼容易被凱文傷害；不過在凱文更進一步療癒自己之前，她仍然不希望他搬回家。凱文也同意了，經過這場對談，他希望自己能達到就算一個人也不會那麼困擾的境界。

凱文與海倫是一個很好的範例，讓我們看到爭執發生時，伴侶雙方若能覺察到內在部分出現，可以對雙方產生什麼樣的影響。光是請雙方暫停當下的言行、傾聽自己的內在，再請雙方替內在部分發聲（而不是讓內在部分主導發言），就能使一場可能蔓延的災難，轉變成一個深化雙方信任與理解的機會。一如高特曼博士的研究發現，伴侶間的爭吵一向是不留情面的。治療的目標不是訓練大家總能合情合理地吵架，而是幫助兩人療癒爭執所造成的內傷，協助雙方的關係回復到自我與自我的親密相連。

接下來讓我們來討論一下療癒內傷的過程。

關係的修復與療癒

高特曼的研究指出，關於伴侶之間的爭吵，較能預測的是兩人需要多久才能恢復親密，較難預測的則是兩人之後會在婚姻裡遇到什麼問題。由此可見，**要幫助一對伴侶，關鍵似乎不在於減少兩人吵架的次數或強度，而是提升他們在爭吵後關係修復的品質**。吵架眞正的問題在於，兩人較極端的保衛者可能會盡全力恐嚇對方心中的被放逐者，因而增加彼此的重擔，甚至讓雙方都覺得伴侶很危險。如果兩人能在爭吵後很快進入自我領導，互相傾訴剛剛的爭吵對自己心中的被放逐者有什麼影響，並誠心地向對方受傷的部分道歉，兩人就能全身而退，爭執也不會爲雙方增添多餘的情緒重擔。

除此之外，如果每次療傷都不用花費太久時間，兩人就會領悟到，也許這段感情走起來顛簸不平，但都能很快恢復順暢。當彼此的保衛者出手越來越重，就快吵起來時，這一層信任也能讓雙方不至於恐慌。畢竟爭執本身通常不是最令人害怕的事，而是口角衝突後，長達數天或數週的冷戰與互相輕視。如果伴侶雙方都有信心，就算兩人之間的連結中斷，也只會是暫時的而已，那麼要在內心的保衛者加速運轉的同時，維持些微的自我領導，就會容易許多。在稍後的段落中，我會再更詳細地說明修復關係的步驟與流程。

讓自己待在平靜的「颱風眼」

接下來的那個禮拜，凱文的控制者又出現了幾次，不過事情有了些轉機。凱文說，現在他可以察覺到控制者從肚子裡浮現出來的感受；有幾次他試著阻止這股衝動，但失敗了。雖然這個控制者先前扮演的是欺負海倫的角色，不過最近他覺得自己就像一個超然的觀察者，發現這個部分有意和海倫保持距離，因爲上次晤談時，凱文向海倫展露了自己的脆弱。凱文覺得這是一次很奇特的經驗，因爲他同時可以感覺到控制者的蔑視，也感覺得到正在冷靜觀察的自我。

海倫也有類似的體會。她心中憤怒的部分，仍會迅速起身迎戰凱文，自己也仍會出現先前生氣時會出現的生理反應，但她同時又覺得自己與這個部分之間好像有段距離，所以她可以在心中對這個憤怒的部分說話。她說自己提醒憤怒的部分，治療師早就在單獨晤談時說過，凱文很可能會出現這樣的行爲；並告訴憤怒的部分，凱文的控制者不過是在做他會做的事。兩人每次交手，都會在幾回合尖銳的言詞交鋒後很快冷靜下來，各自療傷與復原。凱文也談到，自己的控制者很害怕凱文在晤談中如此袒露自己。

大多數人內心的被放逐者都是敏銳纖細的，於是保衛者一旦搶下主導權，就會和整個人完全混合在一起。但如果你有辦法在某種程度上，讓自己的意識保持在這種雙重狀態（感覺得到內在部分的感受，也能冷靜地觀察內在部分），就能帶來關鍵性的轉變：你會明白，即便自己當下無力叫停，被內在部分混合也只是一時的；

就像午後雷陣雨襲來，但太陽很快就會再度露臉。

當自己被情緒風暴（不論發生在內在或外在）席捲時，如果你能讓自己一直待在「颱風眼」裡，便能有效阻斷伴侶爭執時會產生的惡性循環，縮短這些可能爲期數天、數週，甚至好幾十年的噩夢。因爲你可以要求心中那些經常在吵架時加入戰局的保衛者（以爲自己毫無希望、深陷泥淖、怕被拋棄、自我厭惡）別讓戰況升級，並且很快就讓自己回到自我領導，與伴侶一起療傷復原。假以時日，你甚至能在保衛者奪下主導權前，便與他們進行協商——前提是你心中的被放逐者已不再那麼脆弱。

接下來的幾週裡，海倫表示，凱文的控制者還是不時會出現，不過海倫成功地識破控制者幾次，所以沒被對方挑撥。海倫也堅定地告誡凱文，不能再用這種方式跟她說話，不過字裡行間的情緒已沒有以前那麼滿；她甚至能持續對凱文敞開心房——在要求他停止那些言行的同時，她也覺得凱文很可憐，因爲他仍如此脆弱，所以還是需要依賴控制者。凱文表示，那幾次的情況，他也記得很清楚。當海倫冷靜且堅定地面對他的控制者時，凱文很驚訝地發現，自己的控制者竟然馬上就縮回去了。因爲海倫的反應不再能助長控制者的氣焰，便像洩了氣的氣球般消了下去。

他也開玩笑說，海倫應對進退的這般能力很性感。

當你就是自己的主要照顧者

海倫和凱文所學到的，是在伴侶爭執中很常見的現象。懷著激昂情緒的部分要是碰到了自我，怒氣就會消退。所以如果伴侶之一能維持自我領導，不要隨著對方起舞，加入可想而知的攻防迴圈，兩人自然吵不起來。有時候，滿懷情緒的一方會在一開始試著激怒伴侶，引誘對方還手並加入戰局，但如果另一方一直平心靜氣，就很難打得起來。在這裡，我仍要再次提醒，在你的內在部分相信你是他們的主要照顧者之前，要在伴侶的保衛者面前維持自我領導，是非常困難的事。一旦你擁有滿足內在部分需求的能力（就算一點點也好），就像海倫那樣，伴侶的暴怒對你來說就會像是小孩子發脾氣，而不是什麼會威脅到自己身心健康的困擾；甚至還會讓伴侶覺得你變得更有魅力。

美國臨床心理學家約翰・威爾伍德（John Welwood）就爲這個過程下了一個很好的結論：「當我不再把靈魂的追求加諸伴侶身上時，就能讓她不再背負著使我的生活順遂、塡滿我空虛的深淵、成爲我獲取救贖的工具的沉重負擔，也能讓我看見她是一個眞實的人，愛她這樣一個眞實的人，更感謝她爲我的生命帶來如此眞實的禮物。」當凱文告訴海倫，他會好好和自己內在的嬰兒相伴時，表示他開始爲海倫卸下她本來所背負照顧這個嬰兒的重擔，並開始看見眞實的她，而不是在移情作用的影響下，將她視爲母親的再現。

當伴侶雙方都成爲自己內在部分的主要照顧者後，他們就不再需要放逐對方心中的任何一個部分。過去兩人之所以會要求對方放逐某些部分，是出於自己心中被放逐者的不安與脆弱，再加上保衛者也想要對方幫忙照顧那些被放逐者，並規定只能用自己准許的方式來做。倘若你的內在部分都很信任你，那麼伴侶的言行舉止對你來說，就不會是什麼緊要急迫的大事，而是一些會讓你十分好奇的小事。

在之後的晤談裡，凱文（在海倫的旁觀下）成功靠近並疼惜了他內心的那名嬰兒。凱文在腦中看見的畫面，是一個在搖籃裡的嬰兒，哭得極其絕望，卻沒有人過來安撫他。凱文表示，他曾聽說媽媽在生下他後罹患了產後憂鬱症，但他聽完這件事之後，並沒有想太多。此刻走進那一幕的他，把那名嬰兒擁入懷中，隨即開始毫無顧忌地大哭起來。當他一邊啜泣，一邊說話時，我望向海倫，她也安靜地流著淚。凱文順利將嬰兒抱出搖籃後，海倫靠近凱文，並告訴他，她有多感動；而這麼多年來，她又有多渴望看見凱文充滿關愛的這一面——她很清楚，凱文心裡絕對有這一面。海倫也對嬰兒所承受的嚴峻煎熬表達自己深刻的憐惜。

凱文靜靜收下了海倫的愛。後來，海倫再度談到那名嬰兒時，凱文又哭了。海倫牽起他的手，凱文則像是把積累了好幾十年的淚水一口氣釋放出來般大哭。我也哭了，看到原本怒目相視的伴侶再次建立了連結，這一幕深深感動了我。

預期麻煩會出現

海倫一直牽著凱文的手，直到晤談快結束時才放開。哭過的凱文看起來有些羞怯，說自己累壞了，海倫則表示非常開心。我告訴他們，對我來說，能參與這場晤談是很美好的經驗；重要的是，這個過程也讓他們明白，他們的確有機會再次感覺雙方如此親近。然而，我也有義務警告他們，由於兩人都很坦誠地表達了自己的脆弱，因此他們的保衛者很可能會再度出現，抓住對方犯下的小錯不放，並試圖復仇。畢竟他們還處於分居狀態，所以我建議在下次晤談之前，兩人最好減少接觸。

我不是一個喜歡在別人歡慶親密時潑冷水的人，然而我自己也從慘痛的經驗中學到，這項警告確實有其必要。就算雙方都已盡力完成自己的功課，成爲內在部分的主要照顧者，像這樣「出現突破性進展」的晤談其實是一個陷阱。因爲事實上，雙方的保衛者此時仍處於高度戒備，只要任何一方的保衛者現身，都可能讓衝突瞬間升級，反而導致雙方都深信那次晤談根本就是騙局一場。儘管我事先提出警告，這種情況仍然會發生；但也因爲我已提醒過兩人，所以就算眞的發生了，也能讓雙方相信，這種事很正常，不用過度反應。出現這種情況時，最令雙方困擾的，通常並不是當下的那些防衛行爲，而是在爭執後襲來、感覺關係修復無望的恐懼，會讓人被負面感受占據好一陣子。因此，要是我能幫助伴侶雙方對修復的進展設定合理的期待，就能打破兩人無止盡的防衛連鎖反應。

伴侶治療經常如此，雙方會走近彼此幾步，然後又會因爲害怕，再保持距離一陣子。這是很自然的，所以我也學會要尊重這個過程，而不是一直將雙方送做堆，期待他們能維持更親近的距離。

我也很常聽到「覺得伴侶對別人比對自己好很多」的抱怨。他們說，不懂伴侶爲何如此，不是應該相反才對嗎？對自己所愛的人比較好，而不是比對任何人都糟。不過當你意識到，別人不可能像伴侶一樣，能傷我們那麼深的時候，就會明白這個抱怨並不合理。就像前面討論過的，對心中的被放逐者來說，伴侶是注定要來彌補他們遺憾的人，所以比起任何人，伴侶的言行更容易影響你心中脆弱的部分。正因如此，在雙方都成爲自己內心被放逐者的主要照顧者前，期待兩人有辦法完美地進行自我與自我之間的對談、討論關係中的重大議題，是非常不實際的事。更何況，大多數人心中都有好幾個被放逐者，所以要達到能進行自我與自我對談的狀態，可能還需要一段很長的時間。在琢磨爭吵後如何修復關係與如何待在「颱風眼」的技巧之餘，還有另一項觀點能幫助你平息關係中的潮起潮落：**將伴侶理解爲你珍貴的傷痛導師，並感謝伴侶的輔導。**

伴侶是我們的傷痛導師

解除不斷循環的詛咒

一般來說，伴侶能讓你哪個地方產生情緒反應，那個地方就是你需要療癒的部分。要是你能在對方傷害你之前便專注於自己的內在，找到保衛者此時所保護的被放逐者，久而久之，這些向內追尋的軌跡，就會畫出一張能帶你尋找心中寶藏的地圖。你可以善用與伴侶之間的感情，幫助你找到那些就算透過心理治療，也可能要花好幾年才找得到的內在部分——你的依附創傷，也就是你在年幼時所放逐的部分，他們因創傷而背負著情緒重擔，渴望救贖與補償。無論與伴侶之間狀況如何，療癒這些部分都能大大豐富你的人生。假如伴侶雙方都能療癒自己的依附創傷，你們的關係就會變成一個容器，能容納巨量的親密，你們也會視彼此的自我爲家，視彼此爲歸宿。

所以說，一直逼迫伴侶改變不僅沒用，還會讓兩人都覺得更加絕望。相反的，如果你能**盡早跳脫雙方你來我往的攻防戰，時間長到你能善用關係賦予你的寶藏地圖，握在手中的就是希望**。你會發現，你不需要伴侶就能療癒自己，就能完整自己。在自行療癒的同時，你也會發現與伴侶邁向親密的那條路上，原本貌似擋路的巨岩，會神奇地縮小成一顆顆鵝卵石。

不過對大多數人來說，「把伴侶當成自己珍貴的傷痛導師」並不是個容易接受的概念。內在保衛者的職責，除了要讓外在世界變得對我們更友善些，也讓我們離自己的內心世界更遠一點。人怎麼可能會想深入自己的內心世界？大部分來找我進行伴侶治療的人，心思都只專注在如何改變伴侶。對於自己曾向伴侶發射多少砲火、造成對方什麼樣的損傷，他們完全沒有概念，卻很清楚地看見對方具備多少傷害自己的能力。對他們的內在部分來說，試圖剷除外在威脅是再自然不過的事，因爲內在部分以爲，伴侶才是痛苦的根源，所以攻擊伴侶，永遠比向內探索痛苦眞正的源頭來得容易許多。畢竟敵人已經兵臨城下，怎麼還會想往心靈城堡的地窖前進？

大部分的人會一而再、再而三陷入類似的情感困境，就算換了對象也一樣，因爲他們從沒想過要觀看自己的內心。**人們終其一生都在追尋自己不需要的救贖，**

選了個以爲能彌補遺憾的伴侶，接著設法改變他們，要求對方符合自己單方面的期待，最後再爲一切感到失望不已。人一旦進到自己的內心，卸下內在部分的重擔，就能解除這個不斷循環的詛咒。

討人厭的，也是最珍貴的

事實上，我們也可利用人生中遭遇到的困難、任何會讓我們產生激烈反應的事情，找到自己內在需要療癒的部分。佛教尼師佩瑪．丘卓（Pema Chödrön）曾如此寫道：「會被他人觸動到的，就是我們還沒化解的業。他人像是一面鏡子，讓我們有機會從中看見並親近那些古老的業。這些業就像是背包裡的大石頭，每天被我們背來背去。」她也補充：「業的概念就是要讓人能持續從經驗中學習，學習打開我們的心。無論你之前有多懂得保護自己脆弱的部分，懂得武裝自己的心，生命這份禮物都會賦予你業的教誨，生命會讓你知道要如何更加敞開自己的心，生命會告訴你所需要知道的一切。」

丘卓以印度佛教尊者阿底峽（Atisha）的故事來說明這個道理。當時尊者正要前往西藏，他深知自己有些還沒意識到的盲點，需要受到外在的刺激才會出現。但他聽說西藏人善良又開放，靈活知變通，這使得他擔心西藏人無法掀起他心中的波瀾，觸碰到他的開關。因此他讓自己刻薄又放縱的孟加拉茶童隨行，幫助他找出心中的盲點，帶領他修行的方向。

哲學家葛吉夫（G. I. Gurdjieff）也有個類似的故事。葛吉夫帶領的一個靈性社群裡，有一位好戰又自私的老先生，所有人都曾被他惹惱。某次，這位老先生不滿地威脅說自己要離開這個團體，葛吉夫便付錢請他留下來。社群裡其他人知道這件事之後，無不氣急敗壞，因爲他們都是付了錢才能參加這個團體，討厭的老人竟然還可以領到錢。葛吉夫便說：「這位先生就像是麵包裡的酵母。要是沒有他，我們永遠無法學到什麼是憤怒，什麼是暴躁，什麼是耐心，什麼是關懷。這也是爲什麼我要聘請他、請他留下來的原因。」

我們可以把伴侶討人厭的部分，視爲那位孟加拉茶童、討人厭老先生，或是我們的傷痛導師，透過觸發你的傷痛，引導你進行療癒。畢竟我們基於某些連自己都沒意識到的原因，選擇對方爲伴侶，因此伴侶常常有辦法引領我們找到心中埋有珍貴金礦的礦脈。我們大多數人都曾在童年時承受了家長或照顧者給予的龐大重擔。

這些經驗令我們感覺自己被拋棄、忽視、壓迫、背叛、操控、恐嚇，或是羞恥愧疚、沒人在乎、無處宣泄……總之，讓我們以爲自己一文不值，或是以爲除非做出什麼能讓大人開心的事，自己才會變成有價值的東西。許多人都覺得自己從未被看見——沒人看見我們的「自我」，因爲他們只看到他們希望我們變成的樣子，或是把我們跟他們心中厭惡的東西混爲一談。

要是伴侶做了什麼跟我們早年傷痛類似的事，就會觸發我們心中仍還活在事件當下的部分、那些對生命來說很關鍵的被放逐者。**儘管伴侶很可能十分擅長惹惱我們，但也因此是我們無價的導師，指引我們走向療癒的康莊大道**。伴侶是我們最好的生命導遊，比易怒的老先生或孟加拉茶童更好。

把伴侶視爲「珍貴的傷痛導師」這個觀念，與時下許多主流的愛情觀相左。舉例來說，許多人相信，兩人的愛情要是經常觸礁，這個人想必不是對的人。因爲如果對方眞的是能與我們完美契合的靈魂伴侶，彼此之間應該時時充滿了愛。伴侶應該是能療癒我們的人，讓我們變得更完整，而非讓我們感覺受限，甚至常常跟我們作對。

從許多個案的經驗看來，即便伴侶眞的給了很完美的愛，如此完美的愛也同樣會刺激個案內心那些不相信自己值得被愛、不相信愛會持久，以及不相信愛自己的人也值得自己去愛的部分。因爲我們所背負的重擔和之所以選擇此人爲伴侶的種種原因，導致伴侶有能力掀起我們心裡的驚濤駭浪。重點在於我們能否善用這段關係，點亮內心城堡裡那些需要整理的黑暗地窖，又或是我們仍不願意面對那座地窖，只將目光放在伴侶身上。

良性循環

後來我又和布萊迪夫婦持續相處了幾個月，期間都是以伴侶治療的形式進行。海倫終於請凱文搬回家，凱文當下的反應則令我印象深刻：他以過去不常有的敏感，誠心地問海倫是否眞心想要他回家。他說自己已學會獨處，學會一個人時不要心慌，所以他希望海倫不要有壓力。海倫說她是眞心的，而剛剛學會安撫自己的凱文，也讓她比以前更享受與他相處的時光。當然，在他們再次共同生活後，並不代表就此一帆風順，不過雙方都有信心，可以處理兩人之間發生的摩擦。

一旦伴侶雙方的自我能維持一定的連結，兩人的相處就會由過去的惡性循環，反轉爲良性循環。他們不會再像過去那樣總是拒絕對方，而會開始接受彼此尋求親密的舉動，甚至達到「積極詮釋」（positive override）的狀態。因爲這時，兩人內在家庭裡的「中間選民」會漸漸從「反對抵制」伴侶的陣營，轉移到「贊成認同」的陣營。由於過去是反對派主導，所以當伴侶做出某些不經思索的傷人行爲時，就會被你視爲殘酷的表現；但現在因爲支持的人馬占多數，同樣的行爲看在充滿愛的你眼中，不過是些不會放在心上的小怪癖。過去你緊迫盯人，現在伴侶則擁有不少餘裕，而你也再次看見了伴侶曾吸引你的那些特質。

當你在伴侶面前不再總是戰戰兢兢、如履薄冰，保衛者也會比較放鬆、放下戒備，讓你展現更多自我，也更容易感覺到雙方自我間的交流，也就是通常被稱爲「愛」的感覺。當關係有了這樣的愛爲基礎，兩人就不會再像黑暗時期那樣，對彼此的言行過度反應。這樣的愛就像太陽，就算天空中偶爾有烏雲飄過來，暫時遮蔽了陽光，太陽也不會消失。

此外，因爲你和伴侶都成爲自己內在被放逐者的主要照顧者，雙方的保衛者也不會再有「也許下一個會更好」的想法。這能讓兩人在這段關係中所產生的新一波被放逐者漸漸感覺自己被接納，開始相信伴侶也許會願意在兩人的關係中騰出一些空間給自己。因此，這些新一波的被放逐者不會再想辦法破壞你們的感情，也會退出「反對抵制」伴侶的陣營，持續推動良性循環。

我和布萊迪夫婦在治療後期的晤談可說十分輕鬆。最困擾凱文的事情變了：治療剛開始時，他總是抱怨自己沒時間把工作做好，現在的他則覺得要是工作不那麼耗時費力就好了。少了心中「努力魔人」的驅使，凱文更能好好享受與妻小在一起的時光，不再被愛批評的部分主導而不斷碎念。他沒有辭掉工作，但減少自己寫作的時間，把更多時間花在家人身上。海倫也注意到，凱文愛挑三揀四的行爲確實變少，兩人之間也有更多情感上的交流——在車上時，凱文不再把廣播開得很大聲，以轉移自己的注意力，而是會跟海倫聊天。在一場派對上，和凱文在同一間醫院工作的內科醫師告訴海倫，同事們發現凱文整個人變得開朗許多，他指導的住院醫師也沒那麼怕跟他講話了；他的表情變得柔和許多，姿勢體態也不再那麼僵硬。

海倫當然也變了不少。在兩人分居期間，她會向一群女性友人尋求協助，這些朋友也在治療期間給予海倫全力支持。雖然她們都不贊成讓凱文搬回家，但這是因爲她們並沒有親眼看見他的改變。凱文搬回家後，海倫還是會定期和這群朋友碰面。這件事一開始有激起凱文控制者的情緒，但他很快地就意識到自己失控，並馬上道歉。

海倫說，自從她嫁給凱文，就一直漠視自己喜愛和朋友相處、玩樂的部分，因爲凱文希望她待在家裡陪他；但是就算他在家，也是一個人關在書房裡寫作。她說她再也不會這樣犧牲自己了，她很高興現在凱文願意支持她保有自己的獨立性。海倫找回她在這段關係中被迫放逐的自己，凱文也在生活中爲海倫的這個部分騰出了一些空間——凱文以「勇敢之愛」愛著海倫。

伴侶雙方都以自我領導的方式來經營關係，並不代表你們的感情會就此一帆風順，而是表示**彼此都懂得善用這段關係，療癒自己帶進這段感情的情緒重擔**。當雙方都能利用關係來療癒自己時，你們便達成了在一起的目的，這一點也同時會對關係本身有所助益。就算兩人大吵一架，你的保衛者不會因此焦躁，伴侶也會顧好自己的內在部分，再度以自我的狀態回到你面前。你們會善用爭執，移除兩人以自我互動時的阻礙。有了這一層信任與理解，就算在關係最艱困的時期，兩人也永遠看得見希望，並讓這分希望協助雙方度過黑夜。

但要是只有你（或只有伴侶）一直嘗試以自我來互動，久而久之，你心裡的某些部分一定會覺得很難受，最終可能會讓你決定結束這段關係。你可能覺得自己已經學會這段關係能教你的所有事情了，該是時候前進到下一個階段。事實上，無論對方如何回應，練習以自我領導與伴侶互動，仍是一段很有價值的過程。單方面的練習更是困難，因爲你的內在部分可能會質疑：「對方都被內在部分主導了，爲什麼我們不行？」但如果即使在對方極端的內在部分面前，你仍能維持自我領導的話，就會讓你的自我贏得心中其他部分的敬重。這分尊重會讓你對「自我信心」（Self-confidence）產生更深一層的理解。

下一個章節，我會以更實際的方式解析，如何一步步善用親密關係來學習與療癒——讓伴侶做你的傷痛導師，喚醒你心中傷痛的關鍵登山口。

第 5 章

如何將勇敢之愛帶進與伴侶的關係？

我正在試著理解這個在跟我開玩笑的有趣男人、那個跟我討論錢時會認眞到眼裡沒有我的嚴肅男人、在我遇到麻煩時及時給我建議的耐心男人，還有那個會摔門離家的憤怒男人，這四個人統統是同一個人。我一直都希望有趣男人能嚴肅一點，嚴肅男人可以不要那麼認眞，耐心男人可以有趣一點；至於那個憤怒男人嘛，我跟他很不熟，而且我也不覺得討厭他有什麼不對。現在我發現，每當我對憤怒男人說了什麼不好聽的話、讓他憤而離家，我同時也傷害了其他我並不想傷害的男人——愛開玩笑的有趣男人、討論錢的嚴肅男人、給我建議的耐心男人。但舉例來說，當我看著那個有耐心的男人（我最想保護的就是他，我多不希望他聽到我說的那些話），就算我告訴自己他們都是同一個人，我還是只願意相信那些難聽話都只是針對我的敵人——値得我生氣的憤怒男人，而不是對其他人。

透過這一段文字，小說家莉迪亞·戴維斯（Lydia Davis）可能已恰如其分地爲讀到這裡的你捕捉了此刻的心境。也許你已開始明白，以多重人格的方式來看待他人的好處，也開始意識到，自己的憤怒會對伴侶心中脆弱的部分造成什麼樣的影響。不過你還不知道，到底該怎麼應對伴侶的保衛者——我們該如何實踐本書談到的道理呢？

第5章是實作的章節，我會提供清楚的步驟，協助伴侶們轉化前面探討過的各種問題。我會先從協助你找到並療癒自己的內在部分開始，因爲正是這些部分促成了你防衛的言行。接著，我們會學習如何在與伴侶爭執的過程中維持自我領導，並以自我與伴侶對話，又要如何修復吵架造成的傷害，最終維繫雙方長久的親密。

讓關係爲你找到進入傷痛的登山口

請複習一下第3章的〈辨識保衛者的有毒行爲〉這一節，然後從列表中挑出一項，或是回想當伴侶刺激你時，你會出現的其中一項反應。你選出的反應可以是一個想法、一種情緒、一類行爲。選好之後，請專注在那個想法、情緒、行爲上，直到你能定位這個反應源自身體的哪個部位。這時，請感受一下，你對造成這種想法、情緒或行爲的保衛者有什麼感覺。接著，請內心其他不喜歡或害怕保衛者的部分放鬆一下、後退並到旁邊休息（跟你分開），這樣你才能接近這個表現出防衛反應的部分。持續對選定的部分保持好奇心，向這個部分提問：他有沒有什麼想讓你知道的事情？別設想這個部分可能會說什麼，只要持續等待並專心在該部分，直到某個畫面或感受出現在腦中。

爲了讓這個過程再簡化一點，你可以對自己問以下這些問題，好進行練習：

- 我對伴侶有什麼感覺？有什麼想法？
- 這種感覺或想法來自於我身體的哪個部位？
- 我對產生這個感覺或想法的部分有什麼感覺？
- 我心中其他的部分，會允許我因為好奇而多了解這個部分嗎？
- 這個部分想要我知道什麼？
- 要是沒做到自己該做的事情，這個部分會害怕什麼事情發生？

在你向內心的保衛者提問有沒有什麼想讓你知道的事情時，保衛者一開始可能只會繼續跟你抱怨伴侶，或數落你哪裡沒做好，而不回答你的問題。這時，請保持耐心，持續提問：要是他沒說那些話或做那些事，他害怕什麼事情會發生？或是爲什麼他抱怨的那些事情，會讓他如此不滿？直到保衛者說出自己不高興的原因。

這時，你可能終於明白，原來：一、他覺得伴侶想趕走他、放逐他；二、他在保護另一個內在部分，可能是你和伴侶在一起前就已受傷的部分，也有可能是一個覺得伴侶正打算趕走他的部分；三、他跟心中的另一個部分，對你和伴侶關係的看法很兩極，所以很怕另一個極端的部分會搶走主導權，主導你和伴侶的關係。接下來，我會詳細說明這三種可能性，並詳述處理方法。

當內在部分覺得伴侶想趕走他

如果你找到的內在部分告訴你，他覺得伴侶不願意接納自己，還會羞辱他的存在時，首先，你需要知道伴侶的哪些行爲導致這個部分產生這些感覺，並了解這個部分是否仍活在過去某段感情或與他人的關係中，卡在某個讓他覺得自己被放逐的時刻裡。同時，你也可以試著問問看，若這個部分有了你和伴侶全然的接納，他會想做什麼事。

內在部分想做的事情，有可能與他們原始的要求很不一樣。這些部分就像是被家人遺棄的孩子，當他們無從宣泄自己的感受時，可能會有較極端的表現，並提出一些與他們眞正的渴望無關的要求。比方說，心裡那個常試圖說服你與其他人曖昧出軌的聲音，事實上可能是個懂得玩樂、充滿愛與活力的部分，但這個部分的你，卻一直遭到伴侶「這樣太幼稚」的羞辱。若你能好好傾聽這個覺得自己被逐出關係的部分，他就會讓你知道，他想跟別人曖昧，只是因爲你當下的生活裡已沒有屬於他的位置，但要是你能爲他挪出一些活動的空間，就會讓他相當滿意；這空間甚至不一定要在你和伴侶之間。

在完整聆聽內在部分的心聲後，你可以跟伴侶分享自己從內在部分發現了什麼。此時重要的是，伴侶同時也要請自己的內在部分放鬆，允許他以好奇與關懷，透過自我來聆聽你的分享，以免對方的內在部分曲解了你的話。

這裡以我的個案爲例子。外向活潑的克萊兒和注重隱私的吉爾交往後，她覺得這段關係讓自己的生活變得綁手綁腳，因爲吉爾不喜歡跟太多朋友來往，只想跟家人見面。克萊兒表示，只要吉爾對於她和朋友出去沒什麼意見，她可以接受兩人在社交傾向上的差異。但吉爾卻說，畢竟兩人工時都很長，要是克萊兒想和朋友出去就出去的話，他就幾乎沒有什麼機會可以見到她。

他們剛交往時，兩人會爲了這件事吵得很凶，也吵得很久，但克萊兒還是不顧吉爾的反對，常常和朋友出去玩。在兩人的女兒出生後，克萊兒無力出門玩樂，也無力跟吉爾吵架。她就這樣順應了吉爾習慣的生活方式，努力想找到育兒與工作間的平衡。隨著女兒漸漸進入青春期，克萊兒打算重拾這段時間被她忽視的友誼，但這卻讓吉爾覺得自己被拋下了。最近，兩人之間的口角已經逐漸變質爲讓彼此難堪，克萊兒告訴吉爾，跟他在一起實在太無聊了，她也受夠了他的控制欲。吉爾則回應，如果兩人眞的不適合，她應該另尋伴侶。

在晤談中，我請雙方都專注在最近一次大吵時內心浮現的感受。克萊兒看到一個畫面，畫面裡的自己還是個青少女，卻被關在一座監牢裡，不停拍打著監獄的欄杆，吶喊著「放我出去」。這名少女告訴克萊兒，她一直反對克萊兒嫁給吉爾，也一直感受到吉爾對她的排斥。吉爾不只會阻止她跟朋友出去玩，就算是兩人一起參加派對時（儘管次數少得可憐），只要克萊兒露出開心、投入的表情，吉爾就會用鄙視的眼神看著她。當克萊兒問那名少女，爲什麼吉爾的排斥會讓她這麼困擾後，克萊兒馬上在腦中看到以前和父親爭執的畫面。當時她因爲違反禁足和禁止喝酒的規定而和父親大吵，這件事傷她很深。在克萊兒嚴謹保守的家庭中，她算是個叛逆的孩子，因而讓那個特異獨行的青少女部分背負了沉重的羞愧與無價值感。

吉爾同樣在自己內心找到了一個在讀國中的青少年，寂寞的他覺得自己很失敗。他因爲太害羞而交不到女朋友，又因爲跟不上同儕之間講垃圾話的節奏，只好縮回自己的小世界，用功讀書。這項因應方式讓他得以在成年時獲得卓越的學術成就，當初身爲吉爾學生的克萊兒，也是因此被他吸引。克萊兒說吉爾「很無聊」的話，刺激了吉爾心中那名青少年——那個背負著失敗者重擔的部分。吉爾甚至把這種挫敗感形容爲此生最糟糕的感受。吉爾心中的青少年深受克萊兒的活力吸引，因爲如果克萊兒喜歡自己的話，便證明了自己不是個無聊的人。因此每當克萊兒和朋友出去玩，吉爾心裡的青少年就認定她一定會找到更好的對象，然後跟他分手。

光是分享彼此從內在部分聽到的心聲，就能持久有效地化解兩人的僵局。吉爾認識克萊兒的父親，他說他明白爲什麼克萊兒需要反抗父親，並說自己一點也不想扮演這種父職般的角色，因此承諾會好好安撫內在的青少年，讓克萊兒能在關係中重拾回家的安心感。克萊兒則說，感謝吉爾讓她知道他心裡有這個青少年的部分，因爲吉爾平常看起來總是如此有自信和條理，讓她以爲吉爾只是個有控制狂的恐怖情人。她完全沒想到自己的抱怨，會對他帶來這麼大的殺傷力。克萊兒也同意會幫助自己內心的青少女，卸下當年和父親對峙所留下的情緒重擔，當吉爾希望兩人能更親近時，不至於讓她做出過度激烈的反應。

當內在部分想保護其他受傷或被放逐的部分

你可以問問內心的保衛者，要是他沒有做到他該做的事情，會發生什麼令他害怕的後果？如果保衛者表示他害怕伴侶會讓你受傷，你可以再繼續問保衛者，能不能讓你認識他所保護的內在部分，也許你能幫忙療癒那個部分。如果保衛者放行，請專注在那個可能受傷的部分身上，並請他在你聆聽其心聲的同時，不要讓情緒潰堤、淹沒你整個人。如果這個部分同意穩住自己的情緒的話，請你問問他有沒有什麼想告訴你的事。

如果這個部分在你腦中重播了最近和伴侶爭執的情景，請再問問他：更早以前是否曾發生類似的狀況？這時，你可能會看到二度依附創傷發生在這段關係時的畫面：也許是伴侶背叛你的當下，也可能是伴侶沒能在你極度脆弱時接住你的時候。在完整目睹那些痛苦的時刻後，請你繼續問內在部分：更早以前，是否曾發生類似的事？這時候，你腦中可能會再次重播童年時發生過的類似傷痛。

在你讓當時仍年幼的自己知道，你明白那些事件有多讓他們受傷後，你就能回到當下，和伴侶分享自己在內心世界的發現。但在這之前，伴侶要先準備好自己，讓自己能在自我領導下聆聽你的分享，否則，你心中的被放逐者很容易因伴侶的反應遭受二度創傷。如果伴侶確實處在穩定的自我領導，同時你也覺得很安心的話，你也可以與伴侶分享自己在這次經驗中對保衛者有什麼樣的理解，而保衛者又在保護什麼部分。

目前爲止，本書已提出許多與內在脆弱部分互動的過程與內容。如果你想深入了解具體的情況，請參照第4章布萊迪夫婦（凱文和海倫）的故事。

當某個內在部分與另一個部分的看法截然不同

經過提問後，如果保衛者表示，要是不這麼做，他怕另一個部分會主導你和伴侶的關係，你可以問問保衛者，是否願意讓你知道他害怕的那個部分是誰，因爲你想確認這個部分是不是眞的有可能搶走主導權，是不是眞的像保衛者想的那麼壞。如果保衛者同意，請你專注在另一個部分上，看看他有沒有什麼想讓你知道的事情。

你可能會發現，原來這個保衛者之所以有如此激烈的表現，是因爲他要對抗的是之前更強勢的另一個部分。如果那個強勢的部分願意放鬆，保衛者就不需要以激烈的方式來抗衡。有機會的話，你甚至能扮演治療師的角色，幫助看法南轅北轍的這兩個部分對談，並確保雙方能在彼此尊重的情況下溝通。

讓我以個案的故事來舉例。艾立克斯長期處於焦慮狀態，已經快讓伴侶瑪雅抓狂了。每當瑪雅出門時，或他需要爲了工作進行簡報時，他會一直很害怕。想當然耳，艾立克斯的依賴引發了瑪雅的不耐，瑪雅的不耐則讓艾立克斯更沒安全感，認定瑪雅遲早會離開自己。

在晤談中，我請雙方都專注在自己內心導致這種情況的內在部分。艾立克斯聆聽了自己焦慮部分的心聲，焦慮的部分說，他害怕要是自己放手，艾立克斯心裡的「大男人部分」就會跑回來，再次占據艾立克斯的主導權。

艾立克斯隨即向我說明，他們剛結婚的時候，他整個人的狀態與現在完全相反：極度酗酒、好勝好鬥、傲慢專橫。後來他去了戒酒中心，成功戒酒，整個人卻變得很焦慮。艾立克斯焦慮的部分表示，如果能讓艾立克斯依賴瑪雅，艾立克斯就會對瑪雅好一點，也比較能掌控自己的生活，不再像之前那樣糟蹋自己的身體健康。這個部分還表示，除非我們能證明艾立克斯的大男人部分不會跑回來復仇雪恥，否則他絕不讓步。

艾立克斯又聆聽了大男人部分的心聲，他說：「我恨透了焦慮部分的軟弱，那個部分讓我看起來有夠娘。我需要主導，才能讓艾立克斯的表現像是個眞正的男人，不再像黏人的懦夫。」我協助艾立克斯，讓這兩個水火不容的部分在他腦中見面對談，討論他們對彼此的成見，並由艾立克斯扮演居中協調的角色。當雙方眞的面對面互動後，發現對方其實並沒有自己想像中那麼壞。雙方的和解也開始漸漸消除了艾立克斯內在的衝突，最終也讓他順利找到並安撫這兩個部分各自保護的脆弱部分。

至於瑪雅，她的內在部分果然受到了艾立克斯兩個保衛者的影響，因此變得更加極端。和艾立克斯的焦慮部分一樣，瑪雅投注了大量精力在抑制艾立克斯的大男人部分，阻止他重回主導地位，任何出於這個部分的跡象都會激怒瑪雅。不過她同樣也厭倦了艾立克斯的焦慮和哭鬧。瑪雅在心裡找到了一個煩躁的部分，這個部分對艾立克斯黏人的行爲極度不耐，也極度藐視；同時還找到了另一個怒氣沖沖的保衛者，他多年來生活在艾立克斯的大男人部分欺壓之下，背負著滿滿的憤恨。

由此可見，如果你心裡原本就有兩個互相對抗的內在部分，這兩個部分可能會在與伴侶的內在部分交手時，各自表現出更極端的行爲；也就是你內心的衝突，會讓外在也出現類似的衝突。與此同時，伴侶的內在部分也會爲了削弱其中一個部分的影響力，與其他部分攜手合作「聯合次要敵人，打擊主要敵人」，長此以往，便會像這樣加深你內在部分的對立，加劇你和伴侶間的分歧。畢竟小衝突若是不解決，日積月累之下，只會逐漸升級擴大，大到足以掩蓋兩人之間的愛情，搞亂彼此的內在家庭系統。

向伴侶揭露自己的內在部分

我們可以從本書的許多案例看到，當一個人專注在自己的內在時，不僅能看見心中的保衛者，也能發現保衛者所保護的被放逐者。在你與伴侶分享內心被放逐部分的心聲後，若能順利緩和彼此的矛盾，這時再加碼與伴侶分享保衛者的相關資訊，對關係才會有所幫助。關於向伴侶揭露自己的內在部分，我想點出幾個重要的提醒：

第一點，當你專注在內心時，若只聽得見保衛者的聲音，卻對他在保護什麼部分毫無頭緒的話，請不用覺得訝異，因爲這種情況很常見，尤其在剛開始試著了解內在部分的時候。出現這樣的狀況，只是表示保衛者還不夠放心，覺得現在還不是讓你觸碰到脆弱部分的時機。有可能是保衛者擔心你無法承受，也有可能是保衛者太怕你的伴侶，所以只要伴侶在場，就不會容許你觸碰到自己的脆弱。這也沒關係，如果是這種情形，請告訴伴侶，你心中的保衛者正在慢慢醞釀，爲了能讓你靠近脆弱的部分，正在鋪一條安全好走的路。

第二點，就算你順利了解自己心中的被放逐者，也不等於現在就能安全地向伴侶揭露這個部分的事。在確信伴侶能以自我來回應你的分享之前，不必覺得自己有義務要說。相反的，在你進入自己內心、了解伴侶的言行會觸動哪些脆弱部分後，若對於與伴侶分享自己的發現沒有任何令人不安的顧慮，那就跟對方分享，並感受對方的傾聽吧！如此一來，你將能成功打破雙方保衛者你來我往的攻防，中止冷戰熱戰的惡性循環，開啓彼此邁向親密的旅程。

第三點，我之所以會寫這本書，正是希望你和伴侶能在沒有專業人員的協助之下，試著自己進行這些內在功課。對某些人來說，也許看書就夠了，不過對大多數讀者來說，可能會發現自己雖然能獨立完成部分練習，但其他部分還是需要專業的助人工作者從旁協助。練習以自我來領導內外的互動、聆聽自己內心的聲音，並跟伴侶分享自己的發現，能有效幫助你和伴侶達到「各自成為內在部分的主要照顧者，讓對方做為次要照顧者」的目標。

然而，光靠這些練習並不能完成所有的事，你需要幫助自己的內在部分卸下背負已久的情緒重擔，以及那些傷痛往事所留下的極端想法和情緒，內在部分才會全心全意信任你，才不會對伴侶的言行過度反應。有些人的確可以靠一己之力卸下情緒重擔，但大多數人其實做不到。而且對有些伴侶來說，若缺少雙方都信任的第三者在場，要讓兩人心中的保衛者先停止抱怨並嘗試改變對方，是非常困難的一件事。你可以尋求內在家庭系統治療師的協助，當然也可以自行尋找相關的書籍及線上資源。

自我與自我的討論和對談

釋放創意的解法

除了透過「替內在部分發聲」而非「讓內在部分主導發言」的方式與伴侶溝通，你也會期待彼此能用更有建設性的方式，來討論兩人關係所面臨的議題。根據我的經驗，一旦伴侶雙方能進入自我與自我的對談，往往能激盪出更具創意的解決方法，這是當內在部分仍互不相讓的情況下所無法想像的。當然，不是所有問題都能解決，但如果兩個人能以自我來進行對談，至少能在容許差異存在的同時，也互相感受到彼此接納、理解的心情。

進行討論前的心理準備

基於先前討論過的種種原因，要與伴侶進行自我間的對談並不是容易的事。尤其在討論那些會讓雙方較有情緒的話題之前，兩人都必須先做好心理準備，也就是先和自己內心相關的保衛者針對這件事聊一聊。

進行準備時，你要和內心的保衛者保持一些心理距離，並提醒保衛者伴侶真正的角色是什麼，和伴侶談這件事的目的又是什麼。因爲保衛者很可能會緊咬著伴侶曾犯的錯不放，執著到眼光變得狹隘，盲目到看不見什麼才是對這段關係最好的做法；而保衛者也很善於誘導伴侶，讓他做出與自己內心意圖相反的事。所以在與伴侶進行重要對談前，或是在對談進行當下，和自己的保衛者多做一些心理準備會是很好的練習。以下的問題將有助於讓這項練習進行得更順利：

- 保衛者對這件事有什麼想法？
- 我希望這次討論有什麼樣的結果？我的內在部分（例如保衛者）能幫助我達到這個目標嗎？
- 如果我能在討論中以我自己認為最能達到目標的方式行事（不論伴侶說什麼或做什麼），那會是什麼樣子？
- 保衛者會願意信任我、把討論全權交給我嗎？若答案是否定的，為什麼保衛者無法信任我？他在害怕什麼呢？

・我是否意識到，當伴侶表現得極端時，那只是某個部分的他，而不是他的全部？而在那個部分背後，往往是他脆弱且愛我的一面？

・我能否幫助伴侶相信，他在我面前能安全地卸下自己的武裝，不必讓保衛者來保護自己？

・如果伴侶真的處在被保衛者主導的狀態，我能做些什麼以避免我的保衛者隨之起舞、占據我的主導權？

在保衛者好好回應這些初步的心理準備後，你會感覺自己的身心狀態有所不同。眞正和伴侶討論時，你則會覺得自己的內心保有一定的平靜，並對伴侶的看法保持適度的好奇心。你敞開了心胸，所以能在面對雙方之間的差異時，仍保有對伴侶的愛。你堅定地表達自己的立場，替內在部分發聲，但也不執著於特定成果。你無所畏懼地前來對談，因爲不管討論的結果是什麼，你都很清楚，自己有辦法安撫自己的內在部分。

寬心的對談

當被放逐者感覺自己獲得了我們的妥善照顧時，就會在我們心中撐出一片寬敞的心靈空間。此時，他們已不太在乎伴侶之前做了什麼傷害或忽視他們的事，這也讓負責保護他們的保衛者能放輕鬆，不至於處在備戰狀態。若你和伴侶都能處在如此寬懷的心境，再怎麼重大的議題，只要來到這處心靈空間，都會顯得微不足道。你能自在地替內在部分發聲，所以沒有哪一個部分會覺得自己變成邊緣人；你也能毫無防備地傾聽伴侶的心聲，不會曲解對方的意思，更能讓伴侶覺得你確實聽進了他的話。

對大多數人來說，剛開始和伴侶討論艱難議題的實際狀況，與上面描述的情景可以說是天壤之別。我們可能需要花很多時間，費很大工夫，才能讓自己的內在部分在討論進行前先放輕鬆，放手讓你來處理；而且很多保衛者根本不願意在一旁等待，他們要的是跟伴侶快狠準地進行直球對決，然後解決掉對方。因此，在討論前先花點時間替內在部分做些心理準備，仍會頗有助益，畢竟少了這層防護措施所導致的後果（兩人內在部分間的攻防戰），通常只會讓雙方關係惡化。因爲在攻防戰過後，兩人都會再度覺得自己很失敗，感覺關係修復無望。然後到了下一次，當你們再次嘗試討論時，這些曾有過的感受，會讓彼此的內在部分更難冷靜下來。

就算你順利地在自我領導下，以寬敞的心胸開始與伴侶對談，但對多數人來說，常常會發現談不了多久，便漸漸脫離自我領導，某個內在部分會跳進來主導發言；即便這個跳進來的部分並沒有完全占據你的心思，使得你不至於眞的把心裡最難聽的話說出口，但你也會開始對伴侶有負面觀感、對你們在談論的問題有負面看法，說話的語氣和內容也都開始出現變化。此外，一旦你腦中出現了這個偏頗的聲音，就再也無法專心聽伴侶在說什麼，只忙著想自己等等要如何反擊。心境由寬闊變得狹窄，心態由關懷變成冷酷，這項轉變足以讓我們和伴侶之間的衝突升級，但我們往往很難意識到這種幽微的轉換。

因此，每當某個內在部分被喚醒，及早發現，及早讓他放心，請他讓我們維持寬廣開放的心胸，是一件很重要的事。要能做到這一點，你得在和伴侶互動的同時，持續覺察自己的身心狀態——一心兩用本來就很難，更別說當你被保衛者主導，而保衛者只聚焦於反擊、瞄準他眼中威脅的時候，更是難上加難。

如何在衝突時對自我與內在部分保持覺察？

我剛開始爲關係不睦的伴侶進行治療時，兩人才開口沒幾分鐘，我便常常需要請他們暫停，並專注在自己內心所浮現的內在部分。他們多半會不滿地表示，他們只是想把話說清楚，而且不知道自己做錯了什麼。造成這種現象的原因有兩個：第一，多數人在情緒激動時，常看不清眼前的事實。他們能鉅細靡遺地說出伴侶做了什麼傷害自己的事，卻對自己越來越極端的言行對關係造成了什麼影響一無所悉。第二，多數人並不知道兩人之間的對談能由自我來領導，爲雙方打開寬敞的討論空間；而他們又很認同心裡那些經常跳出來、負責處理和伴侶間爭執的內在部分。

不過要是我順利讓他們專注在自己的內心，個案也多半能找到主導發言的內在部分，並理解那個部分只是在想辦法保護自己。我之所以要在這裡提到個案會面臨的狀況，是因爲我希望大家能明白，本書請各位自行嘗試的練習其實一點都不容易。對某些人來說，光是發現「保衛者並非自我」這件事，就像發現自己一輩子以爲的眞髮，其實是假髮一樣。大多數人都會非常認同自己的某個保衛者，認同到分不清自己其實在受他主導。

舉例來說，以前只要妻子南西（現在是前妻了）說了什麼批評我的話，我就會以冷靜又有邏輯的方式來爲自己辯護，我以爲那就是我的自我。我一直不懂爲什麼她聽了這些話反而變得更不滿，直到後來，我學會透過覺察身體的狀態，來確認自己是否處在自我領導，才發現即使我看起來在聽她說話，也沒有回嘴，但事實上並沒有對她敞開心胸。現在和其他人進行激烈的討論時，我都會時不時檢查一下內心，確認自己是否把主導權讓給那個難以辨識的保衛者——保衛者缺乏關懷的表達方式，常會讓事情變得更糟糕。

覺察自己的身體狀態，是辨識當下是否有內在部分在保護自己的方式之一。大部分保衛者都會以特定方式出現在身體，若能學會觀測他對生理狀態的影響，就能很容易地辨認出某位保衛者是否現身。比方說，我心裡有個擔心受怕的部分，每當我開始跟別人吵架時，就會讓我的前額變得很緊繃。還有另一個部分，只要他出現，就會讓我說話的聲音變得冰冷而嚴肅。辨識自己的幾個主要保衛者，覺察他們會怎麼影響你的生理狀態，並練習透過衡量身體該部位的感受強弱，來評估該部分現身的程度，將對你很有幫助。如此一來，即使你在與伴侶對談、情緒激昂時，你仍能透過觀察各保衛者所對應的身體部位，判定保衛者此時對你有多大影響。若你想回顧一下保衛者常見的表現，請參考第3章〈辨識保衛者的有毒行爲〉的內容。

你也可以透過觀察自己的身心狀態來覺察內心的保衛者。每當我和別人一起想辦法解決難題時，我都會盡己所能地向內觀察，看看自己有多執著於贏得這場爭辯，又多想要對方明白我的意思。我會聆聽內在是否出現什麼聲音，正以極端說法在批評對方，或是正忙著想著該怎麼提出新一輪的辯護或反擊。運氣好的話，我還有辦法觀察到這些內心戲的幕後花絮，並很快讓自己安心，也讓這些聲音消失。

儘管已持續進行這項練習二十多年，有時我還是會被內在的保衛者搶走主導權。伴侶治療師瑞爾很貼切地用「咻～一下」來形容被保衛者占據的時刻：「『咻～一下』是一陣體內深層的波濤，是一種被制約的反射，會在一瞬間淹沒我們的理智。有些人會『咻～一下』地被恐懼壓倒，有些人是羞愧，有些人則是憤怒。我成長在一個充滿憤怒的家庭，所以只要有人惹怒我，我下意識的反射動作就是朝那人臉上呼一拳。」如此自動化的反射動作，有時會非常難以控制。

對某些人來說，試圖修復與伴侶的關係時，旁邊有個第三者會帶來很大的幫助。這個第三者主要的工作就是擔任「內在部分糾察隊」，執行伴侶雙方都辦不到的事。因爲你不太可能時時有辦法維持自我領導、察覺自己的內在部分，有了治療師的從旁協助，就能替你辨識是否有內在部分出現。但說不定你比自己想像更有能力，能自行勝任糾察隊的工作。

如何覺察自我？

如果你就是難以察覺某些內在部分的話，也可以反過來關注自我的狀態，觀察自己進入自我領導的程度。與伴侶互動時，你可以時時觀察自己的內在，看看此刻的自己有多寬心、多好奇、多冷靜、思緒有多清晰，心胸又有多開放。對每個人來說，可拿來參考、監測自我的狀態的生理指標都不太一樣。有的人是呼吸，有的人會聚焦在自己說話的聲音，我則是會一直注意自己內心的狀態；處在自我領導時，我還能感覺到一股溫暖的振動流過我的身體。這時的我說起話來毫不費力，完全不用先在心裡打草稿；即使與伴侶之間有些不快，我仍能感覺到兩人的連結，並且眞心想明瞭對方的想法和狀態。

當我們受困於某些問題時，我也會在和對方互動的同時，觀察自己有多專注於當下。一旦我注意到自己並沒有全然活在當下，就表示我的內在部分已經占據了主導權。這時就算再繼續談下去，恐怕也不會有什麼結果。

內在部分發作時，該如何處理？

覺察保衛者的出現與自我的消失是重要的一步，但也只是第一步。有些時候，當我發現內在部分現身時，我可以很快在心裡和他說幾句話，讓他安心，幫助他放鬆心情。這時候，如果腦中的我手上有一支麥克風的話，可能會聽到我對內在部分說一些像是「相信我。你記得吧，每次你讓我留下來，情況都會變好。不會有問題的，你放心，這個狀況我可以處理」的話。要是這些試著讓保衛者安心的話奏效，我立刻就會感覺到內在心態的轉換，不再那麼在乎爭論的輸贏；即便和伴侶意見相左，仍有能力維持與對方的緊密聯繫。

有些時候，我能在討論進行的當下，在伴侶完全沒察覺的情況下完成這項內在工作。但如果我沒辦法一邊討論，一邊安撫內在部分，我會問伴侶能否暫停一下，這樣我才能先讓內在部分冷靜下來。再回到伴侶身邊時，我會向對方簡短說明是哪個內在部分跑出來，他又爲什麼要出來，藉此替內在部分發聲。

要是暫停還不夠，我會提議中止討論，等我能進入自我領導時，再回來討論這件事。要適時結束談話往往十分困難，因爲這時候，有辦法「咻～一下」就把我帶走的保衛者已激發了各種生理反應，讓我無法和內在部分保有足夠的距離，發現此時不該再繼續討論。而且我較理性、較像個律師的保衛者們也深信，如果我再多給他們一點時間，他們就能讓伴侶投降，交出他們認爲我需要的理解與道歉，甚至是改變的承諾。他們會告訴我「就快成功了」，只要我容許他們再替我辯護一次、使用更強硬一點的手段、提供更細緻的證據，他們就能幫我贏回我應得的一切。

儘管和保衛者混合的驅力是如此強勁，但當你與內在部分保持距離，並在自我領導下發言，就能讓這些時候成爲親密關係成長的關鍵時刻。前面提到的治療師瑞爾也認同這些關鍵時刻的重要性，「當你體內的每一條肌肉、每一根神經都在把你拉回原本習慣的反應時，卻有一股嶄新的力量，讓你超脫既有的慣性，有意識地把你推向更有建設性的行動——推向關係的修復。」

我已和內在部分交手了幾十年，對我來說，保衛者充滿正當性與正義的提議，有時仍充滿了誘惑。難怪很多人根本沒意識到自己有不同的內在部分，任由內在部分長期占據主導權。他們也不知道，除了讓自己與伴侶的內在部分互相廝殺，還有什麼其他的選擇——兩人之間原來可以透過自我與自我的互動來化解爭端。不少人會因此學習伴侶溝通技巧，並用來與伴侶討論重要的議題。但對談時仍讓保衛者發言，甚至因爲保衛者按照「合理的規則」爭吵而變得更理直氣壯。

然而我從經驗中學到的是，如果一個人的內在部分占據了主導權、不願退下休息，這時停止和伴侶互動通常是比較好的選擇。我會向伴侶要求「休會」，日後擇期再談，也會跟伴侶說明清楚自己在這段期間會好好和內在部分溝通，等之後再討論同一件事情的時候，更能專注在當下。我也會在休會期間與自己的保衛者聊聊，了解他在保護什麼部分，如果沒什麼進展的話，我會尋求治療師的協助。透過這種方式，我善用兩人的爭端，讓伴侶成爲我的傷痛導師，喚醒我需要療癒的部分，讓我完成必要的功課，在下次討論時，才更能處於自我領導。

你或許發現了一件事：我並沒有說，如果我們觀察到伴侶被自己的內在部分主導時，要向對方提出中止討論的要求。因爲我們的目標並不是要求伴侶維持自我領導，除非對方辦到，否則我們不願意對話。我認爲，維持自我領導是自己的責任，就算對方已不在這個狀態下，如果我們能維持自我，伴侶的自我通常也會有所回應。如果我能做到這件事，內在部分也會更信任我，因爲在我的領導下，我們不卑不亢地與伴侶最堅強的保衛戰士應對。

是的，與伴侶討論困難的議題是爲了更遠大的目標。我漸漸發現，和伴侶討論棘手的議題，重點不在於解決表面上的問題——有時也許眞的解決了問題，但那不過是錦上添花。因爲眞正的價值在於：一、透過這個機會向內在部分證明，不管面對再怎麼嚴峻的考驗，他們都可以信任我；二、讓我們有機會觸碰到內心最關鍵的被放逐者，並好好療癒這個部分。如果伴侶也抱著同樣的目標經營這段關係，那麼彼此之間的爭執就能成爲幫助雙方修煉與成長的競技場；無論是對個人來說，或是對雙方的關係來說。但如果對方並非如此看待兩人的感情，不做自己的內在功課，我們仍能從兩人相處的過程中學到很多事情。

「不要求伴侶維持自我領導」的觀念，也讓你不會試圖監控對方的狀態，不費心思地指出對方的盲點。畢竟在吵架的時候扮演對方內在部分的糾察隊，只會火上加油而已。沒有人喜歡在生氣的時候聽到更多的批評指教，而且就算你眞的辨識出伴侶正在被內在部分主導，當下的你也不太可能還維持在自我領導。因此，我和伴侶雙方進行晤談時，會先訂下遊戲規則，規定大家只能談論自己的部分，不能批評對方的部分。比起控訴伴侶「你暴怒的部分跑出來了」，不如改成「你的言行已經刺激到我生氣的部分，所以我們先暫時不要談」。

這種時候，若不中止討論，還繼續爭辯的話，會導致雙方進入「內在部分攻防戰」，你氣憤不已的保衛者很可能會說出一些極端又傷人的違心之論，或是如前面所提到的，肆無忌憚地運用「末日四騎士」的攻防策略。這時候，如果繼續對談，只會傷害伴侶心中脆弱的部分，造成二度依附創傷，並讓伴侶的保衛者更加怒不可遏。在這種情況下，兩人之間的討論不再是自我療癒的契機，更無法藉此贏得內在部分的信任、強化自我領導，反而會讓雙方心中的被放逐者背負更多無價值感，也讓負責保護他們的保衛者更不信任你們的領導。

看見保衛者背後的被放逐者

當伴侶完全被自己的保衛者主導，批評你做錯了什麼、說些顯然誇大不實的話，甚至是隨便杜撰的指控時，你很難不隨之起舞，試圖加以反駁。以前我經常上當，只要有人以不精確、不完整的方式描述我做過的事情時，我就會針對細節提出糾正，而不是回應對方說出那些話語時的受傷情緒。我有個內在部分總覺得自己有義務確保所有事實正確無誤，彷彿我的人生有一份無形的紀錄，要是這個部分沒有不斷出面澄清，這份紀錄就會永久遭到玷汙。

現在的我遇到類似情形時，多半有辦法即時察覺這個部分，並馬上提醒他，無形的紀錄並不存在，所以我沒有義務回應對方的話，也沒有必要受對方憤怒的情緒影響。一旦這個愛糾正的保衛者和其他的內在部分都退後休息，自我便能專注在當下，讓我聽見對方話語背後的傷痛或恐懼，以關懷的態度回應對方傷人的言詞。我也能分辨出對方誇大不實的指控中，有哪些是我眞的做過的，並誠心地爲此道歉。

瑞爾對這個狀態有很貼切的形容。某次面對妻子長篇大論的控訴，他如此寫道：「在我看來，她對我的那些指控既誇大又扭曲，還以一種高高在上、毫無情愛的態度在說話。不過就像垃圾堆裡也有寶石，她的話裡的確有些滿有道理，所以我決定只回應這些有理的部分。基於全然的自律心態，我過濾掉那百分之八十五聽起來像廢話的謾罵，只回覆那百分之十五我願意承認的部分。」

即便你在對方如垃圾的批評裡找不到半顆寶石，只要能維持著自我領導，回應對方說話的情緒，而非說話的內容，對你們的關係仍很有幫助。因爲此時伴侶想要的，只是希望你看見他心中的被放逐者，他希望你很清楚地知道自己傷害了這個部分，並對此感到後悔。但遺憾的是，大多數人的保衛者往往會在這種時候被觸發，做出與伴侶的期待相反的行爲。這時你要做的事情，是穿過伴侶內心城堡的高牆，躲過伴侶發射出的大砲，在對方的防衛者英雄似的行爲背後，看到他心裡那個如孩童般嚇壞的受傷部分。

如何以自我領導來修復關係？

談到修復關係，不得不談到道歉。根據我的個人經驗加上執業以來的觀察，我發現大多數人其實不太懂得如何給出既清楚又有感的歉意。這個熱愛競爭又愛比誰拳頭大的文化，變相鼓勵了我們不去承認自己的錯誤。父權價值把道歉跟退讓畫上等號，甚至以爲道歉就是輸了。心裡那些害怕被伴侶掌控的保衛者也會試著說服我們，一旦讓步，就會讓內心堡壘的門戶洞開，遭對方一舉攻占。或是某些保衛者太擔心，要是你承認自己傷害了伴侶、承認自己並不完美，另外那個自我批評的部分就會暴怒。

因此，無論是對自己或伴侶，保衛者會不斷爲你辯護，試著把大事化小、小事化無，甚至否認事情發生；讓你就算開口道歉，要不就是反守爲攻的策略（「也許道個歉就可以讓他閉嘴了。」），要不就是卑微到自慚形穢（「我爛透了。誰會願意原諒我？」）。開口道歉的同時，保衛者要不是試圖說服你，你的行爲根本沒對方說的那麼糟，要不就是讓你感覺自己毫無價值可言。其他的內在部分也會阻撓你道歉，不讓你修復關係，總之大同小異。

如果是保衛者主導的道歉，伴侶多半能感受到那不太誠懇的語氣或你過於激動的情緒，因此很難相信自己眞的獲得理解。若其中一方說：「你爲什麼又提這件事？我不是已經道歉過很多次了？」就表示另一方從未眞正接收到「成分夠純」的道歉——過去的道歉大多夾雜著保衛者的情緒，讓歉意打了折扣。由保衛者主導的道歉常帶著某些前提和條件，像是「如果讓你覺得受傷的話，對不起啦」或「要是讓你心情不好，我可以道歉」，接著馬上開始拚命解釋自己爲什麼那麼做，又出於怎樣的好意，只是伴侶誤會了而已。當伴侶針對你傷人的行爲闡述自己的觀點時，你的保衛者還會因爲很想趕快結束這一回合而急於打斷伴侶的話，讓伴侶心中的被放逐者無法感受到自己已獲得充分的理解。

正因如此，伴侶之間才會翻起舊帳，一次比一次激烈，直到伴侶的內在部分覺得自己確實獲得理解。另外，傷人的一方也很常會先倉促道歉一下，引起對方的關注和聆聽，再藉機控訴過去伴侶如何傷害了自己。「這次是我該說對不起，但你上次做出那種事情，難道就不用道歉嗎？」最終導致你心裡其他擔心受怕、委曲求全的保衛者出面，透過作賤自己、誇大悔恨，想辦法讓伴侶放過你。「我怎麼可以對你做出這種事？我眞的是個爛人。你這輩子都不會原諒我了，對吧？」

但要是你能讓發狂的保衛者冷靜下來，就能聽到伴侶激烈言詞背後的傷心，並敞開自己的心，感受對方的痛；能與伴侶共情共感的你，就能說出正確的回應。事實上，在這種時候抱持什麼態度，比說什麼話來得更重要。對於伴侶所受的煎熬，你的自我會找到適切的方式來表達自己的歉意。

大致上來說，伴侶受傷時需要的回應，跟每個人心中被放逐者想要的東西是一樣的。要讓自己的道歉清楚誠懇，通常經過三個步驟：

一、充滿關懷地聆聽伴侶對事件的詮釋，體會他所受到的傷害。

二、誠懇地表達自己確實同理了伴侶的痛苦，並對自己造成了這分痛苦（無論是多無心的過錯）表示歉疚。

三、為了不讓相同的事再度發生，你會做什麼以求改進。

並不是每次道歉都需要做足三個步驟。許多人在接收到前兩個步驟的表達後，感覺就會好多了；不過在面對殺傷力較大的事件或長期言行所造成的傷害時，完整做到第三個步驟就很重要。

但事實上，執行第三個步驟時，常常會衍生出別的問題。在自己眞正找出驅動這些言行的內在部分，並好好療癒他們之前，許多會傷害伴侶的言行很難眞的改變。不少伴侶之所以處在絕望、想放棄這段關係的狀態，就是因爲他們曾反覆答應彼此，不再做出會傷害對方的行爲，但儘管每次都是眞心誠意，最後卻還是一再違背承諾。只要你心中的被放逐者還是處於不被重視、非常脆弱的狀態，你的保衛者就會自動跑出來保護他，讓你一再做出傷人的事。光是靠意志力和善意來維持警覺與注意，效果相當有限。

以大多數的情況來說，你可以在第三個步驟向伴侶保證、最實際的改進辦法其實是：**承諾自己會試著找出讓你做出傷人言行的內在部分，並好好療癒那個部分。**

在伴侶脆弱的部分聽來，這種說法的確不如「我發誓以後不會再犯」來得痛快，但你會很驚訝地發現，「我很清楚，自己的批判指責常會傷害你，所以我會想辦法讓自己愛批評的部分停止這些行爲。這可能需要花點時間，但我有決心自己做得到，因爲我愛你，不希望自己一直這樣傷害你。」這樣的話語，會比你想像中更有效。因爲這種說法能讓對方知道，也許你需要一點幫助，但你承諾的是自己眞的做得到的事情，所以能讓伴侶感覺有希望。對你而言，你也實行了親密關係的神聖任務——善用親密關係，協助自己找到內心背負重擔的內在部分，那個讓你把心關起來的部分。

一旦你能以這樣的觀點來看待關係中的矛盾，就不會再覺得道歉或承諾改變是一種被迫順從對方的行爲，而能成爲你朝著自我與關係成長（也就是「勇敢之愛」）邁進、所踏出積極且勇敢的一步。

慢慢贏回對方的信任

收到伴侶在自我領導下提出的道歉後，許多個案原本只覺得自己是個無辜的受害者，但在心情放鬆之餘，他們也能主動表示：自己確實受傷了，但的確有些反應過度，並對此感到抱歉，接著承諾自己也會找出並療癒那個過度反應的部分。這麼一來，一旦兩人之間的摩擦能好好修復，便能成爲彼此探索內心的登山口。換言之，就是讓伴侶做你珍貴的傷痛導師。

然而，對於嚴重的誠信破裂或危害人身安全的衝突，一次誠懇的道歉往往不夠。傷人的一方需要慢慢贏回對方的信任；只是傷人者內心的保衛者，會讓這個過程更加坎坷。保衛者一旦讓你道歉，就不會再輕易給你機會重提此事（「爲什麼要去碰人家的傷口？」）；要是雙方再次談及這個話題，保衛者也會說：「我不是已經道歉了嗎？」保衛者希望你淡化事情的嚴重性、撇清自己的責任，並忽略事件的細節。

但這正是受害者最不願意見到的。受害者需要知道你隨時隨地把這件事放在心上，畢竟他可從沒忘記你做過的事，也沒忘記自己被傷得多深。臨床心理學家珍妮絲．史普林（Janis Abrahms Spring）在著作《教我如何原諒你？》中強調，越是在乎自己曾犯下的過錯，伴侶就越不需要把這件事繼續放在心上：「傷了伴侶的你，展現出自己有多深刻意識到過錯，表現不會再犯的心意。受了傷害的你，則越來越少想起心頭上的傷痛，漸漸開始放下。」

曾鑄成大錯的你，需要讓自己的保衛者退下、經常向受害者提起那件事、表明自己的悔恨，同時說明自己爲了不讓類似事件再次發生，正在療癒內在部分的相關進度。你也需要以更大的耐心，去面對伴侶越來越重的防備。在你贏回對方的信任前，中間會有很長一段時間，伴侶需要和你保持距離，對你心存疑慮與敵意，時不時有所拷問。你每一次批判伴侶的防衛性言行，都會延後你贏回信任的時刻。

當伴侶感覺你確實把過錯當一回事，也努力彌補改變，他就能稍稍放鬆，放下些許外在的警覺戒備，也可以重新接觸到自己心中被你重傷的內在部分。當伴侶成功說服那個內在部分相信，自己會成爲他的主要照顧者，那個部分就能卸下被你重傷的情緒重擔。只有從這一刻起，眞正的原諒才有可能發生。在伴侶的自我療癒發生前，任何希望伴侶原諒的嘗試都是強求，反而會進一步放逐伴侶心裡那個還在流血、還無法信任人的部分。

一對伴侶若能讓大大小小的破鏡重圓，處於這段關係中的他們，就能變得更自在。兩人會清楚感覺到每一個當下都在流動，接下來所共度的餘生不會是日復一日，也不會是老調重彈。不少人會發現，自己變得很能包容伴侶的怪癖與暴躁，畢竟這都只是一時的。伴侶的怪癖與暴躁之所以讓你絕望，是因爲你以爲自己這輩子都會被困在其中、無法逃脫。當兩人都看到對方確實在進行自己的內在功課，就會覺得這段關係充滿希望。在這分希望的環抱下，曾橫亙在兩人之間的龐大阻礙會逐漸縮小。眞正讓關係令人難以忍受的，其實是看不見盡頭的矛盾迴圈。

一旦雙方的保衛者從一再受傷的循環、空洞不實的承諾、無盡的失望之中獲得解放，就會漸漸放下自己手上的武器，並像前面所提到的，從本來站在「反對抵制」伴侶的陣營，加入「贊成認同」的陣營；兩人之間的氣氛主調也從「消極詮釋」轉爲「積極詮釋」，越來越能接納彼此的缺陷，越來越不常被對方的保衛者觸發，也越來越願意在爭執過後著手修復關係。在如此安全與安心的環境下，雙方也能好好認可並療癒自己心中的被放逐者，協助他們卸下情緒的重擔。當兩人都成爲自己內在部分的主要照顧者後，就不會再對伴侶施加那麼大的壓力，逼迫對方改變。事實上，少了對方施加的壓力，反而能讓我們更有空間去改變。

真正成為支持彼此的夥伴

當這個正向循環扎根後，在你對自己內在的發現感到驚喜不已的同時，也會對伴侶在他的內在發現了什麼很感興趣，並全力支持他進行內在的功課。這樣的你們得以成爲彼此在成長與學習的旅途中，同時於內在與外在互相支持的夥伴。你們知道彼此難免會刺激到對方，但也很清楚你們懂得療傷和修復。在這段關係中，兩人所有的內在部分都受到彼此的歡迎，即便有些部分一開始的表現可能會有點激烈，但你們都明白，一旦這個部分分享完自己的故事、卸下情緒的重擔，就會展現出可貴的價值，在你們共同的內在家庭中成爲受歡迎的一分子。

一對伴侶如果眞的達到了這樣的境界，就不會再隨著對方的情緒起舞，也不會再對另一方的言行有什麼過度的反應。要是其中一方開啓了「內在部分攻防戰」，另一方也會維持在自我領導，鼓勵情緒激動的伴侶進入內心，協助自己的內在部分。如此一來，便能打破讓大部分伴侶陷入困境的惡性循環。

第 6 章

關係的全貌

我在本書中介紹了大量的概念與方法，或許讓人難以想像全部運用在生活中是什麼樣子。所以我會在這一章做個總結，讓大家了解一旦運用了本書的概念與方法後，你和伴侶的相處可能會是什麼面貌；但礙於篇幅有限，我會稍微簡化，也許無法完全符合你的情況。另外我也會再深入探討何謂親密，並詳述親密的四種形式。

化解矛盾與衝突

你知道，自我一直都在

如果你已掌握了本書的重點，你首先會發現自己對感情的觀念有了變化。比方說，你不會再認爲伴侶要負責讓你感覺自己完好無缺、值得被愛、讓你心情愉悅、很有安全感——也就是說，伴侶不再是你內在部分的主要照顧者。雖然伴侶有時的確能讓你產生以上感受，但你很清楚，**自己就有能力讓內在部分產生這些感覺、給**

他們幸福，不需要倚賴伴侶。當你缺乏幸福感受時，不會再把錯怪到伴侶身上；內心充盈著那些幸福時，你也不會把功勞全部歸給伴侶。

同樣的，當你處於悲痛恐慌、沮喪愧疚、恐慌無用的情緒中，你不會把脫離這片黑暗之海的希望全部押在伴侶身上，也不會設法轉移自己的注意力、尋求浮木，因爲你懂得轉向關注自己的內在，好好愛內心被放逐的部分。當內在部分的情緒激動到你幫不了他們的時候，你會知道這只是他們一時的反應，也有能力讓自己待在情緒風暴的「颱風眼」裡；當你和伴侶發生爭執、外在風暴席捲時，這項能力同樣也會幫助你平靜。一旦風暴散去，內在部分的情緒平息，你會帶著愛向內找尋那些不開心的部分，幫助他們療傷痊癒。

你不會認爲伴侶必須永遠處在自我領導，若伴侶脫離了自我狀態，你能將它視爲內在部分一時的反應。因此，當伴侶變得軟弱害怕、黏人難纏、或暴怒或冷漠、或批評或指責時，你也能讓內在部分維持冷靜，不至於過度反應。你會提醒自己，眼前只是一小部分的伴侶，可能是某個還很童稚的面向，基於某個可能跟你有關（也可能無關）的傷痛，才有如此表現；你知道伴侶此時說出口的話，不一定是眞心的，可能是內在部分的氣話，你也知道不必對號入座，沒有義務回應誇大不實的言論。相反的，你會感受到驅使對方做出如此舉止的內在部分，究竟背負了多少傷痛、愧疚，甚至是恐懼，因此你不會硬碰硬，而是以關懷來回應。儘管當下你只看得見伴侶的內在部分，而非他的自我，但自我其實一直都在，也很快就會重現。

讓伴侶成為「登山口產生器」

就算是我，面對親密伴侶時，也無法永遠都處在自我領導；不過當我成功做到時，我得說，那種經驗眞是美好極了。過去，要是妻子說了些什麼，我就會覺得體內好像有什麼東西爆炸了，整個人被情緒淹沒，接著下意識地反擊報復或冷漠以對（但這只會讓她的內在部分更激動）。然而在自我領導下，這些反應竟統統都沒出現。當下的我，能看見她內在被刺激到的部分正在扭曲事實、需索無度，同時也能理解，此時的她不過是被內在部分主導了發言，被一個可能還很年輕、深深受過傷的部分占據。

我能以開放且關懷的心態來聆聽，並眞心想了解她覺得受傷的前因後果，同時也提醒我的內在部分，不需要正面迎擊，也不需要糾正她所扭曲的事實。我向自己的內在部分保證，要是他們願意先到一旁休息，讓我主持局面，並保持心胸開放的話，伴侶的自我遲早會再現。我也提醒內在部分，就算和妻子談話後發現眞的是我做錯事，並不代表我就是壞人，也不代表伴侶會拋棄我，更不代表我應該爲此受苦，我要做的，只有好好修復與伴侶的關係而已。

最美好的事情是，她的自我的確再現了——而且通常不必等太久。這使得我們能完全跳過吵架爭執的階段，也不必忍受幾天或幾小時的冷戰，直到其中一方憋不住爲止。我不必聽自己的內在部分不斷嘮叨抱怨伴侶有多不合情理，催促我應該跟她分手。同樣的，我躲過了心中閃電般流竄的恐懼，不必害怕自己搞砸了，不必擔心伴侶會討厭我一輩子、離開我，也避開了「我竟然是這麼失敗的伴侶」的羞愧感；我倆的保衛者也不打算採用三重心計。而且當她的自我再現後，我們有了短短幾分鐘的修復時間。我對她表示抱歉，因爲我的行爲，讓她的內在部分被觸發；她也覺得很抱歉，讓自己的內在部分以如此極端的方式主導發言。賓果！我們再次建立彼此的連結。

有件事情很重要，請務必記得：於情緒風暴中待在「颱風眼」裡的能力，與成爲自己內在部分主要照顧者的能力息息相關。在我還無法讓內在部分相信，無論伴侶發生什麼事，我都會好好照顧他們之前，我也無法抵擋自己下意識想還擊的衝動。畢竟對內在部分來說，這代價有點太高了——伴侶的話，就像一把又一把刀子，直直刺進我心中被放逐的部分，刺傷原本極度依戀她、渴望被她所愛的弱小部分。對我的保衛者來說，要保護這些部分，除了反擊或築起高牆，別無他法。

一旦我的內在部分願意相信我，她的話語就不再是鋒利的刀，還會在碰到內在部分後便輕輕彈開。這樣一來，就能以「勇敢之愛」來愛我的伴侶。爭執時，我讓自己維持在情緒風暴的「颱風眼」裡，不是爲了迫使伴侶改變，而是爲了透過持續的練習，讓我的內在部分信任自我的領導。

你還會改變另一個觀念，它在面對與伴侶的爭執時更是至關重要：**不再把伴侶視爲該永遠充滿愛的靈魂伴侶，而是你珍貴的傷痛導師**。以前要是伴侶做了什麼令我心煩的事，我就會覺得：「我幹嘛在這裡跟做出這種事的人浪費生命？爲什麼她沒辦法永遠溫柔/體貼，做人世故/無私一點？」現在的我，聽完自己內在部分嘮叨挑剔的五四三之後，我有辦法穩住自己的心思，把焦點從伴侶身上轉移到內心受傷的部分，我也總能在那些抱怨的背後發現一個還沒有機會卸下情緒重擔，還沒被我好好愛護的內在部分。

當然，不是所有情緒風暴都會出現平靜的「颱風眼」；當伴侶雙方完全被內在部分占據主導，都無法維持自我領導時，就會這樣。這時候，觀念同樣是關鍵。以前處在這種被內在部分徹底占據的時候，我都會想：「很明顯的，這個人根本不愛我，我也感覺不到我對她的愛。那我們幹嘛還要在一起？」這種彼此都抓住對方傷人話語不放的爭吵，是關係裡最黑暗的時刻，而且雙方都不知道該如何開啓修復關係的契機，造成兩人二度、三度，甚至多度依附創傷，並讓雙方心中越來越多內在部分轉入「反對伴侶」的陣營，兩人的互動也會被負面觀感占據，再怎麼不重要的小事，都會激起彼此的不滿，製造越來越多的爭執。

至於現在，就算兩人都被內在部分主導，即使我無法阻止內在部分的激烈言行，也很清楚這些舉動都是出自於部分的我，伴侶也是。有了這個觀念，我會提醒自己，雙方在這種時候說出的話都不是眞心的，不過是一時的表現，風暴很快就會過去，我們又會重修舊好。

這個過程有點像是：當保衛者在外開戰時，我則向內安撫其他感到害怕的部分，穩定民心。透過這種方式把二度依附創傷的殺傷力降到最低，也避免內在家庭大亂，一面倒向「反對抵制」伴侶的陣營。同時，我也知道伴侶跟我都會利用這次爭吵，發現並療癒參戰的內在部分。吵架雖然不是什麼好事，但有了這樣的理解和想像，也不會是什麼令人擔心受怕的壞事。我們可以把爭吵當成珍貴的「登山口產生器」，讓兩人共享的未來更加順遂。

關鍵概念與化解衝突的做法

接下來，我會以伴侶間出現矛盾與衝突的情境，來總結本書所提及的概念。首先，我們先檢視一下，有哪些關鍵概念能帶來關係的改變：

- 被伴侶的言行所刺激，並不是壞事。我們本來就是要從關係中學習，伴侶則是很好的傷痛導師。
- 吵架時，若有人開始變得煩躁，出現激動的表達，這不過因為是他被自己的內在部分主導；兩人充滿愛的自我都還在，不久後就會再現。
- 就算有人被內在部分主導了，也能成為值得雙方善用的契機，藉此透過激動的保衛者，找到被放逐的關鍵部分，並好好療癒該部分。

・當對方被內在部分主導時，我們要保持在情緒風暴裡的「颱風眼」，沒有必要以牙還牙，以眼還眼。

・如果雙方都被內在部分主導了，在這樣黑暗的時刻，我們可以好好安撫自己心中的被放逐者。

・自己的內在部分自己顧。我們是自己內在部分的主要照顧者，無論伴侶做了什麼，都能好好照顧自己的內在部分。

・無論伴侶做了什麼，在風暴過後找機會修復關係、替內在部分激動的表現道歉，同樣是我們的責任。

在你完整吸收上述觀念後，一旦伴侶的情緒受到刺激，或是伴侶被保衛者主導時，你可以採取以下的步驟與做法：

・試著讓內心不要過度反應，保持冷靜；提醒內在部分，你還在這裡陪他們。而且伴侶的憤怒背後，其實是傷痛。

・保持在情緒風暴的「颱風眼」裡，但如果你也被保衛者主導了，盡量讓自己和保衛者分開，看清此刻只是內在部分的發作，而不是你真正的感受。

- 在風暴過後進行「自轉」，帶著好奇深入內在，了解自己的內心在這段爭吵期間發生了什麼事，並邀請伴侶也這麼做。
- 當兩人都找出是自己的哪些內在部分造成爭吵後，和對方分享自己的發現；尤其是保衛者試圖保護的被放逐者，藉此修復彼此的關係。
- 為自己激動的言行向伴侶道歉，並承諾自己會開始療癒相關的內在部分。
- 一有機會就進入內心療癒與這次爭執有關的內在部分，並和伴侶分享過程。

親密的形式與前提

親密的四種形式

前一節的最後一個步驟「一有機會就進入內心，療癒與這次爭執有關的內在部分，並和伴侶分享過程」，再度把我們帶回到「創造親密感、維繫兩人連結」的話題。對我來說，親密感主要來自於**一個人知道自己能對另一個人坦承所有部分的自己，並相信對方總有一天會接納與愛護自己的全部**，這是親密感的第一種形式。前面所提到的凱文與海倫．布萊迪夫婦，在伴侶治療接近尾聲時，已開始從深刻的互相認識與接納中，體會到喜悅與放鬆，以及歸屬感。

要達到這種程度的親密並不容易。畢竟大家都心知肚明，許多部分的自己是很難讓別人接納的。前面討論「新一波被放逐者」時也曾談到，我們很清楚有些部分的自己會威脅或嚇到伴侶，甚至令對方作嘔。舉例來說，如果伴侶內在有個無法忍受你外貌的部分，或是想偷吃出軌的部分，要聆聽這些部分的想法而不至於崩潰，你心中得懷著許多我所謂的「勇敢之愛」才行。另外，當伴侶告訴你這些部分的想法時，若能以「代替這些部分發聲」的方式表達，而不是被這些部分主導發言的話，對你的傾聽也會很有幫助。

伴侶雙方的溝通中，有許多無聲的情感與訊息。說話時，如果你能處於自我領導，就算再怎麼恐怖或冒犯的話語，伴侶仍能在心底某處，聽見你對他源源不絕的愛。因此，親密感的第二種形式，就是**兩人在自我層次上的連結，這分連結會成為**

你和伴侶進行任何冒險嘗試的基礎。透過自我與自我之間一次次的互動，你和伴侶會慢慢建立起這分連結，彼此都卸下保衛者的防備，冷靜、清晰、堅定、充滿自信且勇敢地交流。在學會如何以自我與對方互動後，凱文和海倫也建立了這分綿延不絕的親密聯繫。

我在本書中較少提及親密感的第三種形式，因爲這對你來說可能是最熟悉的一種：**如果你和伴侶都被內在部分主導，而且是被互補或相似的部分主導時，兩個內在部分之間會形成一種親密的連結**。舉例來說，有些時候，兩人主要的連結建立在與性欲有關的部分，這是透過一次次「肉搏」所形成的；有些時候，則是由兩人喜愛玩樂、參與聚會，幽默與充滿玩心的內在部分建立主要連結；有些時候，兩人之所以相繫，是因爲彼此互補的部分互相依賴，例如其中一方心中的被放逐者，深深依附對方的保衛者或照顧人的部分。

第三種親密也沒有什麼不好，若發生在兩個能自我領導的人身上、兩個和諧的內在系統之間，一樣非常美好。只是**很多人之所以陷入一個願打、一個願挨的熱戀中，就是因爲兩人的關係其實是由雙方背負著情緒重擔的部分在主導**。他們深深地渴求著彼此，因而蒙蔽了自我更清晰的判斷。

凱文與海倫就是很好的例子。對某些伴侶來說，這種建立於內在部分、不算很健全的互相依附，可能會緊密到兩人必須歷經分居，才有辦法各自觸及到內心需要自己照顧的被放逐者。倘若破鏡能夠重圓，兩人或許會發現，在經過內在探索、建立了更完整的親密後，不僅能涵容內在部分的互相依賴，關係也會變得健康許多。換言之，內在部分與內在部分之間的互相依附，最好發生在同時包含其他形式的親密關係裡。

最後一種親密的形式，我稱之爲**「次要照顧者所建立的連結」**。**當一個人容許伴侶做自己內在部分的次要照顧者，共同照顧自己心中的被放逐者時，兩人就能體會到這種親密**。這種自我與內在部分相連的親密，會讓接受者湧現充滿愛意的感謝，給予者也會產生深刻的感情。當兩人能達到這樣的境界，便是實踐了彼此對關係的承諾：主動幫助對方學習愛與信任，共同成長。兩人會眞正成爲彼此的靈魂伴侶——不是基於浪漫的幻想，而是「探索生命」這趟靈魂之旅的夥伴，學習如何給予愛，如何收下愛。

雙方都能在關係裡得到充分休息

以我的個案羅爾爲例，他在默默傷心了幾天後，告訴伴侶露普，先前她拒絕了他提議週末一起出去玩的事，其實讓他很受傷。露普帶著好奇，傾聽羅爾吐露心聲，沒有要辯解的意思。沒想到聽著聽著，羅爾竟突然崩潰，大哭了起來。她很快將他擁入懷裡，輕聲說著：「親愛的，怎麼了？什麼事讓你這麼難過？」羅爾以一個年幼的聲音顫抖地說，他覺得自己很失敗，沒有人喜歡他。露普告訴羅爾，她眼裡的他完全不是這樣，但一想到有人讓他產生這種感覺，便令她覺得傷心。再經過幾分鐘的安撫，羅爾心中的被放逐者就沒事了。

隨後回復到自我領導的羅爾表示，他知道自己這幾天很不好受，但他並不知道，這些情緒來自於內心這個覺得自己很沒價値的小男孩部分。羅爾謝謝露普及時安慰、並協助他發現這個部分，以這次事件爲契機，他會開始療癒內心的小男孩。他也說，像這樣暴露自己脆弱的一面、坦白說出自己的需求還眞是可怕，非常感謝露普以如此充滿愛的方式接住自己。

不過在六個月之前，羅爾和露普可不會出現以上這種親密互動。他們各自都因爲社會的性別刻板印象而背負著情緒重擔，也都不知道該如何照顧內心的被放逐者。在伴侶雙方都成爲自己內心被放逐者的主要照顧者之後，我才開始鼓勵他們嘗試這種由次要照顧者所建立的親密連結；但要是雙方還沒準備好就貿然嘗試的話，不僅成功機率不高，還會導致更深的二度依附創傷。我也會建議，等雙方都準備好之後再試，以免一方永遠在扮演家長，另一方永遠在扮演小孩。

以上四種形式的親密——**彼此訴說自己的內在部分、自我與自我的互動、內在部分與內在部分的依附、次要照顧者的照顧（也就是自我與內在部分的互動），各有各的威力**。當四種形式的親密同時出現在一段關係時，這段關係就能充滿活力，也能讓雙方在關係裡得到充分的休息，就像回家一樣。

要達到這四種形式的親密，雙方都需要擁有關照內心，並將自己在內心的發現表達出來與伴侶分享的能力。然而，許多人往往在彼此都還沒準備好，或在治療師的貿然鼓勵下，就試圖達到親密狀態，忽略了在此之前，還必須具備某些前提。

親密的兩大前提

達到親密的首要前提，是時間和精力。如我們在第2章討論到的，當今社會中的伴侶，幾乎沒時間處理日常雜事，更別說探索自己的內心，甚至表達出來與伴侶分享。累得要死、壓力超大、分神分心、過度工作的人無法感受到親密。如果你聽了很有感，覺得這就是在說自己，但目前又無法脫離當下處境的話，你可以調整一下自己對關係的期待，等自己有心情有空間的時候，再好好了解自己和伴侶。感覺關係疏離時，別責怪伴侶，也別怪罪自己——表示現在還不是解決的好時機。

不過許多人的保衛者都會跑出來說服自己，當下的生活方式都是有必要的，缺一不可，但事實往往不是這樣。遇到這種狀況時，在進入討論關係的正題前，我會讓個案先跟自己堅持這個觀點的保衛者對話，這樣才有辦法讓兩人的生活有足夠的空間感受親密。因此在試著追求（或放棄）親密之前，你可以先了解自己那個想奮鬥努力、煩躁焦急的部分，並了解這個保衛者在保護哪個部分。

第二個前提是安心。四種形式的親密中，就有兩種需要你向伴侶展現自己的脆弱，讓伴侶看見自己心中的被放逐者。對大多數人來說，這件事超·級·恐·怖，就算是一段非常安穩的關係也不例外。在個案相信就算坦承弱點、展現強烈且脆弱的情緒，也不會刺激到伴侶、不會讓伴侶變得疏遠冷淡、輕視、拒絕、以保衛者各種令人難受的言行回應之前，我不會鼓勵個案讓伴侶直接觸碰到自己內心的被放逐者。對許多伴侶來說，培養這分信任需要不少時間，因爲很多人都習慣用對待內心被放逐者的方式，來對待伴侶的脆弱部分。在改變自己對待被放逐者的方式前，我們很難不去懲罰伴侶的脆弱部分。

前兩種形式的親密，較不需要建立在對彼此袒露脆弱上，因此能幫助雙方建立安全感。舉例來說，處在自我領導時，你可以告訴伴侶，自己有個很膽小的部分，害怕伴侶生氣時的暴怒。比起直接化身爲年幼的自己、擔心受怕地在伴侶面前哭嚎發抖，用這種方式表達，就不用直接向伴侶暴露自己的脆弱，也比較不會引起伴侶的反彈。根據經驗，透過協助伴侶雙方維持在自我領導，讓兩人進行自我與自我的對談，向彼此坦誠（而非暴露）內在部分的想法，的確可以讓雙方感覺更安心。也就是說，前面兩種形式的親密，能爲後面兩種親密奠定安心的基礎。

不過確保雙方安心最有效的安全措施，其實是幫助雙方都成爲自己內在被放逐部分的主要照顧者。若兩人心中被放逐的部分都卸下了情緒重擔，都信任了自我的領導，這些年幼的部分就不會再那麼容易因爲伴侶而受傷，也會更願意回應伴侶試圖修復關係的舉動。不過如果個案持續不斷地被伴侶那些既恐怖嚇人又需索無度的保衛者轟炸的話，要求個案成爲內在部分信任的家長，就很難辦得到。在這樣的伴侶關係裡，要創造安心的空間，他們很可能得要分居才行。

一旦具備了這些前提，兩人就能開始體會到一種或數種不同形式的親密感。此時他們常會感嘆：自己一直以來所追求的，不過就是如此罷了。他們會發現，人需要的其實很簡單：有人看見自己、擁抱自己，同時也看見別人、擁抱別人。在披荊斬棘、剷除路障後，我們找到了生命的伴侶，找到了一起朝著共同成長邁進、護持彼此卸下重擔的夥伴。我們懷著這分祝福，在互相的陪伴下，實踐生而爲人的使命，感受圓滿生命的喜悅。

祝你好運

親密關係就像面對老化一樣，**需要以開放的心態來經營與照顧，需要有勇氣去面對自己和伴侶心中那既醜陋又嚇人的一面，然後不執著地全心去愛，不怕失去地放手去愛**。這也是爲什麼眞正親密的關係如此難得——爲什麼這麼多人困在由彼此保衛者主導的關係之中，爲什麼這麼多人選擇單身或獨居。在這本書裡，我向你介紹了許多「不尋常」的概念，給了你不少「離經叛道」的建議，也許你一時覺得困惑且難以消化。但我只能說，這套理論不管對我的個案，甚至是對我自己來說，都超級有用。爲了感受親密，你做了各種冒險和嘗試，我的這些方法，能大大提高你成功的機率，引導你的成長與療癒。祝你登山快樂，願自我與你同在。

致謝

本書中的一字一句皆得來不易。我與許多人建立了可謂親密的關係，並從中學到了許多。那些願意讓我針對他們的內在及外在家庭進行嘗試，並挑戰我不同內在部分的個案，可說是我最好的老師。我對他們心懷感激。

本書中的許多觀點是我與ＩＦＳ資深治療師討論的結果，我們探討如何將ＩＦＳ應用於伴侶關係中。雖然有許多人都為此做出貢獻，但我特別想感謝對伴侶相關議題直覺超敏銳的托妮．荷賓娜—布蘭克（Toni Herbine-Blank），也感謝在各方面都富有智慧的蘇珊．麥康諾（Susan McConnell）。

最後我想說，在我的職業生涯中，雖然主要與異性戀和順性別伴侶合作，但近年來，這種情況已有所改變。雖然這本書中的例子大多來自於我過去在臨床上的觀察，但我認為，無論性別認同或性取向為何，本書許多觀念和練習都是普遍有效的。當然，我也承認，對於那些非異性戀與多元性別的讀者來說，這本書仍未能充分反映出他們在親密關係中的動態和經常面臨的文化挑戰。

Eurasian Publishing Group
圓神出版事業機構
用心與你對話・視野無限寬廣
究竟出版社
Athena Press

www.booklife.com.tw reader@mail.eurasian.com.tw

心理 088

做自己的靈魂伴侶：實現完美關係前，必修的IFS課

作　　者／里查・史華茲（Richard C. Schwartz, PhD）
譯　　者／白水木
發 行 人／簡志忠
出 版 者／究竟出版社股份有限公司
地　　址／臺北市南京東路四段50號6樓之1
電　　話／（02）2579-6600・2579-8800・2570-3939
傳　　真／（02）2579-0338・2577-3220・2570-3636
副 社 長／陳秋月
副總編輯／賴良珠
責任編輯／林雅萩
校　　對／林雅萩・柳怡如
美術編輯／林韋伶
行銷企畫／陳禹伶・蔡謹竹
印務統籌／劉鳳剛・高榮祥
監　　印／高榮祥
排　　版／莊寶鈴
經 銷 商／叩應股份有限公司
郵撥帳號／18707239
法律顧問／圓神出版事業機構法律顧問　蕭雄淋律師
印　　刷／祥峰印刷廠
2024年11月　初版

定價 400 元　ISBN 978-986-137-462-8

一切都是平行的——我們如何對應內在世界，
就會如何對應外在世界。
如果我們能夠欣賞與愛我們的內在部分，
我們也可以同理地對待相似的人。
反過來說，如果我們厭惡與鄙視我們的內在部分，
我們也會這樣對待其他相似的人。

——里查．史華茲，《沒有不好的你》

國家圖書館出版品預行編目資料

做自己的靈魂伴侶：實現完美關係前．必修的IFS課／里查．史華茲（Richard C. Schwartz）著；白水木 譯
-- 初版 -- 臺北市：究竟出版社股份有限公司，2024.11
304 面；14.8×20.8公分 --（心理：88）
譯自：You are the one you've been waiting for: applying internal family systems to intimate relationships
ISBN 978-986-137-462-8（平裝）
1. CST：家族治療　2. CST：心理治療　3. CST：家庭心理學
178.8　　113014135